沟通的艺术

别输在不会表达上

谢 普 编著

吉林出版集团股份有限公司|全国百佳图书出版单位

版权所有　侵权必究

图书在版编目（CIP）数据

别输在不会表达上 / 谢普编著. -- 长春：吉林出版集团股份有限公司，2020.6

（沟通的艺术）

ISBN 978-7-5581-8646-2

Ⅰ.①别… Ⅱ.①谢… Ⅲ.①心理交往-语言艺术-通俗读物 Ⅳ.① C912.13-49

中国版本图书馆 CIP 数据核字（2020）第 091267 号

前　言

在当下，说话和表达能力在人际交往中日渐被重视，一个人只有把话说好，才有好人缘。

说好话是一门学问，是一种智慧，更是一种生活态度的体现。古人云："一言兴邦，一言丧邦。"而在当代社会，同样也有"一句话可以让人笑，一句话也可让人跳"。这些名言表达的正是说话在我们的人际交往中的重要作用。会说话的人，在人际交往中左右逢源、如鱼得水，而不会说话的人，在人际交往中左右受限、寸步难行。

学过历史的人都知道，春秋战国时期，社会极其动荡不安，各诸侯国之间为了各自的利益，不断攻伐，战事频仍。然而乱世出英才，这个时候涌现出了不少以雄辩闻名的外交家、纵横家，他们用那三寸不烂之舌，周旋于列国之间，挽狂澜于既倒，弭战事于无形。他们用自己的"言论"报效国家，令人敬佩。这让人不禁想起那句："一言之辩，重于九鼎之宝；三寸之舌，强于百万之师。"

我们天天说话聊天，不见得就能熟能生巧，个个练出好口才。朱自清在《说话》一文中说："人生不外言动，除了动就只有言，所谓人情世故，一半儿是在说话里。"朱自清夸张了吗？并没有。毫无疑问，口才高手会比别人赢得更好的人缘与更多的机会。他们一开口，世界就是他们的。

社交、面试、辞职、道歉、见客户，甚至安抚朋友，都需要你懂得沟通的艺术。本书通过"所谓情商高就是会说话""回话的艺术""跟任何人都聊得来""别输在不会表达上""说话心理学"五个角度，破解阻碍沟通的隐形密码，让每一次对话都直抵问题核心；精巧布置的说服模式，让对方在不知不觉中被你说服。本书就是这样的社交沟通经典读物，它能教会你在不同的时间、地点、场合，对不同的人说出得体的话语，让你的人生从此顺遂很多。

目 录

第一章 懂闲聊的人，才是最受欢迎的

聊聊如何闲聊 ………………………………… 2

称呼对方的名字 ……………………………… 5

以对方为重点 ………………………………… 7

听人说话是一种礼貌 ………………………… 9

多说 YES 少说 NO …………………………… 12

把握插话的分寸 ……………………………… 15

让自己和对方同化 …………………………… 17

第二章 说话要圆融，不粗鲁的说话艺术

做到和颜悦色、以理服人 …………………… 20

减少沟通和误会 ……………………………… 24

把好"嘴门关" ………………………………………… 27
不妨多捧他人 ………………………………………… 33
见什么人说什么话 …………………………………… 36
与不同性格的人交谈 ………………………………… 39
留心自己的声音 ……………………………………… 42
不可忽视神态举止 …………………………………… 44
摒弃不良的谈吐态度 ………………………………… 46
电话巧交流 …………………………………………… 50

第三章 巧嘴办事，不死板的说话艺术

巧妙提出办事请求 …………………………………… 54
尴尬话题委婉出口 …………………………………… 59
抓住对方的兴奋点 …………………………………… 62
抓住对方的心理弱点 ………………………………… 65
变通是办事的法宝 …………………………………… 68
跳出两难的峡谷 ……………………………………… 70
与不同性格的人巧交涉 ……………………………… 72

第四章 风趣办事，不伤人的说话艺术

人人都喜欢笑容 ……………………………………… 78

幽默的人朋友多 …………………………………… 81
幽默是一种影响力 ………………………………… 84
幽默能活跃社交气氛 ……………………………… 87
开玩笑的五个原则 ………………………………… 91
用幽默表达自己的不满 …………………………… 95
有风度地回击敌意 ………………………………… 98
摆脱尴尬并不难 …………………………………… 102
人不自嘲非君子 …………………………………… 105
不善幽默怎么办 …………………………………… 109

第五章 彬彬有礼，不强迫的说话艺术

先学礼而后问世 …………………………………… 116
打招呼是最基本的礼仪 …………………………… 120
学点敬语与谦辞 …………………………………… 122
勤感谢，多道歉 …………………………………… 126
招人反感的六种话 ………………………………… 130

第六章 八面玲珑，不冷场的说话艺术

待人接物八面玲珑 ………………………………… 134
穿针引线的介绍艺术 ……………………………… 136

宴席上口才的运用 …………………………………… 141
祝贺语怎么说 ………………………………………… 143
避免无趣的谈话 ……………………………………… 146
如何制造欢乐气氛 …………………………………… 149

第一章
懂闲聊的人,才是最受欢迎的

闲聊,是我们生活中最常见的一件事,司空见惯,习以为常,因此往往容易被人忽略。闲聊其实是练习说话的最佳场合。我们很难想象,不善闲聊的人,能在其他场合把话说好。

聊聊如何闲聊

有些人认为,人是因为无聊,所以闲聊;闲聊没什么讲究,想什么就说什么,说到哪就到哪。怀着这种心态的人,很容易把闲聊变成无聊。

在看似不重要的闲聊当中,口才也发挥着非常重要的作用。那些柴米油盐酱醋茶的"废话",看似没有什么意义,但只要闲聊得投缘,就能拉近两个人之间的距离。人们通过闲聊,在轻松的气氛中加深彼此的了解,加深了情谊。人的一生当中,通过闲聊和朋友、和家人、和同事,说了99%的"废话"。正是这些"废话",让我们和谐、和睦。

闲聊一般都是没有一个特定的话题,天马行空,可以由小孩吵架聊到美伊开战,可以从绣花针聊到原子弹。但是在寻找话题的时候,最好不要涉及政治与宗教信仰这两个主题,因为这类话题最容易引起激烈的争辩,而将原来的轻松场面彻底破坏。所以,最好谈一些小的、不重要的事情。

人们在闲聊这件事上最容易犯的错误，就是一见面就从对方所从事的工作谈起。我们总以为，和医生谈开刀、和运动员谈打球、和商人谈生意经是"天经地义"的事。殊不知，他们一年到头做同样的事情，已经够烦的了，如果你在业余时间或休闲时间还谈及这类事情，很可能会让对方心烦气躁。美国前任总统肯尼迪最讨厌和别人谈政治，可是偏偏许多人都找他谈政治，还自以为此举可以讨好他。

那么，到底应该谈哪些事情呢？最好的办法，就是经常阅读报纸和一般性的杂志，以增加各方面的常识。不然，除了"你好吗？""今天天气不错啊！"之外，接下来你就不知道要聊些什么了。

闲聊中不要当无"聊"分子，无"聊"分子在交际中不受欢迎。而那些口才高手则善于打破沉默，谈笑风生、能带动会场气氛的人，走到哪里都会受到大家的欢迎。这种人不会让场面尴尬与沉默，他们懂得适时转变话题，让大家都有台阶下。

闲聊时聊些什么呢？平时除了你最关心、最感兴趣的问题之外，你要多储备一些和别人闲谈的资料。这些资料应轻松、有趣，容易引起别人的注意。

例如，买东西上当啦，语言上的误会啦，或是办事摆了个乌龙，等等，这一类的笑话多数人都爱听。如果把别人闹的笑话拿来讲，固然也可以得到同样的效果，但对于那个闹笑话的人就未免有点不敬。讲自己闹过的笑话，开开自己的玩笑，除能够博人一笑之外，还会使别人觉得自己为人很随和，很容易相处。

惊险的故事也是一个不错的话题。特别是自己或朋友亲身经历的惊险故事，最能引起别人的注意。人们的生活常常不是一帆风顺的，每天大家照常吃饭、照常睡觉，可是忽然大祸临头，或是被迫到一个很远的地方，可能遭遇很多危险……怎样应付这些不平常的局面，怎样机智地或是幸运地在间不容发的时候死里逃生，都是人们永远不会漠视的题材。

轰动一时的社会新闻与火爆电影是不错的谈资：对"'明星博士不知知网'有什么看法？""怎么看《飞驰人生》里的结尾？"等新鲜的话题，是社交时很好的谈资。不过，在闲聊时，尽量规避争议性强的话题。

称呼对方的名字

美国有位房地产大亨,他有一个绝招:只要是他看中的土地,无论地皮的主人如何拒绝,他都有办法成功地收购到手。

他的做法是在那些始终不肯出卖土地的大客户面前,展示出冠有对方大名的大楼模型,说:"如果你把土地卖给我,我就可以以你的名字命名,建一栋有格调的大厦。"

大楼刻着自己的名字——这个诱饵使得许多人都愿意将自己的土地卖给他。

在向人打招呼时,要使对方有一见如故之感,最好的办法就是称呼他(她)的名字。每个人都对自己生来就一直使用的名字非常熟悉,当被人以亲切的口吻称呼名字时,会觉得非常温馨。被称呼的次数越多会越高兴,并且对对方会产生好感。由此可见,亲切地称呼对方的名字,是打开坚固的戒备心理之门的有效钥匙。

所以在交谈中可以多称呼对方的名字,比如可以说:

"××，你认为是这样吗？"或者"小×，您的意见是怎样呢？您所说的……"，等等。对三个字的名字，称呼后两字显得比较亲切；如果名字是两个字，则可以称呼全名或小×。值得注意的是，对于长辈或领导，我们不能直呼对方的姓名，以免引起对方不快。

美国交际家戴尔·卡耐基说：在交际中最简单、最明显、最重要、最能得到好感的方法，就是记住人家的名字，使他有受到重视的感觉。遇见熟人，脱口叫出他的名字，显得自然而亲切。如果叫不出人家的名字，就会感到语塞，或称呼失当，交往的大门就不容易打开。和陌生人第一次接触，应先问问"您贵姓？""您怎样称呼？"，要尽可能在不十分熟悉之前就记住他的名字。否则一旦很熟悉了还叫不出名字，这时再去问"您贵姓"，就有点问不出口了。如果实在记不起对方的名字和职务，可以微笑着说"你好"，这是万能用语。许多成功人士的经验告诉我们，记住别人名字的多少与交往范围的大小成正比。一个政治家，记住幕僚的名字可博得拥戴；一个管理者，记住下属的名字能指挥自如；一个教师，记住学生的名字可赢得威信。任何一个人，记住他所结识过的人的名字，都会受到对方的喜爱。这是因为，人都希望得到别人的尊重，而记住他的名字，是尊重他的最简单的表示。

以对方为重点

很多时候的话不投机，通常是因为大家都在自说自话，舍不得花一点心思去注意听别人在说什么。

我们来看一个例子——

小刘想买辆车，钱由父母帮他支付，所以他在意的不是车子价钱的问题，而是车子的外形和颜色。

A公司的销售员来访，他不问小刘的喜好、需求，却说了一堆自以为打动人心的话："买这款车绝对物有所值。燃料费可以省下50%，而且现在有低利息贷款，借贷非常划算，真是很省钱哦！"

这些都不是小刘在意的，他当然无动于衷。

B公司的销售员就完全不一样了。"您的肤色很健康，经常进行户外运动吗？"他不断提出问题，让小刘说话。"原来是令尊付钱……那么，您很在意车子的外形设计吧？"他打开产品记录，继续说："这款车目前很热门，在对大学女学生的市场调查中，投票每次都在前三名以内——女孩子都希望男朋友开这种车。"

毋庸置疑，小刘决定买 B 公司的车。

B 公司的销售员之所以赢得这笔交易，就在于他能一针见血地掌握对方的兴趣所在和消费需求。

社交也是如此，光是自己不断地说话，是无法了解对方关心的问题的，所以让对方说话非常重要。

当然，不能只是漫不经心地倾听，除了用心之外，还要不时地插入一些话题来询问。掌握主导权，一步一步借题发挥，在询问过程中渐渐了解对方关心的层面，而且以对方的层面为重点让话题继续进行。这样一来，对方就会饶有兴趣地侃侃而谈，这是让谈话热烈的秘诀。

听人说话是一种礼貌

听人说话是社交场合一件很重要的事情，从某种意义上说，这也是一种礼貌，是对别人的尊重。而且，越是仔细听人说话，越能鼓励对方说得精彩动人、妙语连珠，同时你自己也得益匪浅。

所以，在别人说话的时候，静静地听着，不时加以回应，如点头或者微笑，在对方讲完以前不去打断他，这是一件非常受欢迎的事。

值得注意的是，你不能一边听，一边胡乱地去想别的心事，以致把别人的话都漏掉了。你要真真正正地去听，把注意力放在对方的身上，抓住他的每一句、每一字，甚至把握他讲话时的态度、神情。你最好能够在事后准确地复述出对方所讲过的话，连对方用什么语调，说话时做了些什么手势，你都要记得清清楚楚。

许多人误以为在听人说话的时候自己没有什么事做，所以总是不耐烦听别人讲，一定要别人停口，自己来讲才觉痛快。他们实在不知道一个人在听人说话的时候，其实是有许多事情可做的。

第一，谈话的目的是在于增进双方的了解。喜欢听别人说话，就是深入、细致地了解对方的重要手段。所以，我们在听人说话的时候，必须仔细地把握对方说话的内容，和从他的声调、神态中流露出来的心情。有时，对方说得很清楚，听来就比较容易；有时，对方的话说得很不清楚、零乱或者含糊，曲折或者隐藏，这时听起来就需要很多工夫，要细心地一面听，一面加以分析、整理、揣摩、研究。

第二，在听人说话的时候，我们同时还可以有一段思考的时间，以便整理我们自己的思路，寻找恰当而明确的词句来表达我们自己的思想。

很会说话的人经常总是先倾听别人说话，用微笑、点头、偶尔的问话鼓励别人畅所欲言，而他却静静地在听，到了一个相当的段落才开口。当然他的三言两语却常常找到要点，牢牢地抓住别人的注意力，深深地打动别人的心，很快就可以使人信服，顺利地解决很多问题。人们听了他的话之后心悦诚服，大有"听君一席话，胜读十年书"的感觉。

总之，在听的时候，你可以看，可以想，可以观察对方、了解对方，可以寻找恰当有力的字句，你可做的事情很多。

照一般的情形来讲，如果两个人交谈，至少有一半的时间你可以静静地好好听；如果有十个人在一起谈话，那么，你就至少有十分之九的时间在听。与其打断别人的话，侵占别人应该说话的时间，不如你就让自己多听、多想、多准备，自己的话虽然少，却句句有分量、有道理、有趣味，句句动听，句句精彩。

多说 YES 少说 NO

有些人很不讨人喜欢，不管走到哪里都令人讨厌，这些人通常在和别人沟通时，总是不断在否定对方所说的话。我们可以来看看以下的例子。

"你有车子吗？有吧？我还以为你没有呢。什么颜色？白色，那太没个性了，满街到处都看得到白色的车子，你应该选个比较个性的颜色才好嘛。什么？自动排挡车？那太危险了！才两个车门？这样进出多麻烦，后座的人很辛苦吧？"

车子每一样都被否定，听了这段话，有谁会不生气呢？但是，这却是很多人不知不觉中常犯的毛病。

如果换成另一种说法："白色的感觉明亮，很不错哦！自动排挡车开起来很轻松，尤其是山坡路，开起来一定特别顺手吧？如果是这种车种的话，还是两个车门比较轻便……"这样称赞一下人家，可以说是小事一桩，对方高兴，自己也达到了保有良好人际关系的目的，何乐而不为呢?

肯定对方、对方的家人、对方所拥有的一切，是建立良好人际关系的基本方法。

如果对方的意见和你的想法不同，也绝不要劈头就直接否定人家。如果对方说："人生还是金钱最重要。"就算你不同意，也可以婉转地表达："我也这么想。但是，应该也有一些例外吧……"先接受对方，听完对方的说明，再表明自己的主张，态度可以坚决，但是语气要尽量委婉。

人一旦被对方认同，就会在潜意识里觉得自己很重要，自然也就会对对方产生好感，也就愿意接受对方的意见。

有一点要注意，绝不能一味地肯定对方。如果有朋友在你面前抱怨他的女友实在不怎么样，你若傻傻地回答说："是呀，身材也不好！"虽然是附和了对方的意见，但对方心里其实可能是希望得到反驳，希望你称赞他的女友，结果却得到反面的回应，这样不只场面尴尬，而且两人的谈话也无法继续下去了。和人交谈千万不要只听表面上的话，要用心察觉对方的心思。

特别需要注意的是，不要随便否定自己觉得不好应付的人。因为一旦持这样的心态与人接触，我们就很容易被对方贴上负面的标签。

"那个人很阴沉，实在惹人厌！""他是个没有能力的人，不适合当朋友。""她很骄傲,我没办法喜欢她。"这些评语都只是对那个人的部分评价,而这样断章取义的判断只会破坏彼此的关系。

其实,不管是什么人,必定有好的一面。如果能够这样深信,对方必定也会给予 YES 的信赖回应。

把握插话的分寸

许多年轻人过分相信自己的理解和判断能力，往往不等别人把话说完就中途插嘴，因此常发生错误。这种急躁的态度不仅会弄错说话意图，而且中途打断对方，也有失礼貌。

当然，在别人说话时一言不发也不好。对方说到关键的时刻，说完后你只看着对方但不说话，对方会感到很尴尬，他会以为没有说清楚而继续说下去。

人们常会轻率地问："刚才这个问题的意思，能说明白一点吗？"或者不经大脑就说："我不太了解刚才这个问题的意思。"这些话都不算得体，你不妨这样表示："据我听到的，你的意思是否是这样的……"

即使你真的没听懂，或听漏了一两句，也千万别在对方说话时突然提出问题，必须等到他把话说完，再提出："很抱歉！刚才中间有一两句你说的是……吗？"如果你是在对方谈话中间打断，问："等等，你刚才这句话能不能再重复一遍?"这样,会使对方有一种受到命令或指示的感觉。

俗话说:"听人讲话,务必有始有终。"但是能做到这一点的人却不多。有些人往往因为不满意对方的意见而提出自己的见解,甚至当对方停顿时,抢着说:"你要说的是不是这样……"由于你的插话,很可能打断了他的思路,要讲些什么他反而忘了。

中间打断对方的话题是没有礼貌的行为,有时会产生不必要的误会,说不定对方会想:"那么你来讲好了。"一个精明而有礼貌的人与他人交谈,即使对方长篇大论地说个不休,也绝不会随意插嘴。

在宴会、生日舞会上,我们时常可以看到朋友正和另外一个不认识的人聊得起劲,此时,每个人都有加入的想法。但是,一方面你们不知道他们的话题是什么,而且你突然地加入,可能会令他们觉得不自然,也许因此导致话题接不下去,会使场面气氛变得尴尬而无法收拾。

如果碰到这种情况,你最好等他们说完再过去找你的朋友,即使真有事必须当时告诉他,给他一些小动作或暗示,他就会找机会和你讲话。

让自己和对方同化

有位朋友想换工作,到一家外商公司应聘。通过笔试后,接着是面试。

"听说那家公司的主管很严格,要怎样办才好呢?我对自己一点信心也没有。"朋友向我问道。

"公司介绍本上不是都会刊登董事长及各级主管的照片吗?你也如法炮制吧,他们如果穿深蓝色西装配红色系领带的话,你也不妨照着这样来搭配去面试。"

大约十天后,那位朋友很愉快地打电话来。"成功了!面试主管和我系相同的领带,我觉得他马上就接纳我了,面试进展得很顺利。而且我这个新工作的年薪比之前的还提高了两成,我太高兴了!"

我想我这位朋友成功的主要因素应该在于和对方"相似",因为一般人对于和自己相似、有共同点的人往往会有种莫名的好感。请找一个和自己最亲近的朋友想一下,那个人是不是和你同年龄？是否来自相同学校或社团？趣味及喜好是否很相似？

英文的 like 是"喜欢"的意思，另外还有一个意义，就是"相似"。相似等于喜欢，放到人际关系中来讲，也就是"喜欢相似的人"。这个论点在美国 NLP（神经语言系统）的学理上，已经得到证明。

简单地说，从服装、呼吸，到走路、姿势、说话方式，我们和亲近的朋友之间都有相似的地方。沉浸在爱河中的情侣们也都会很自然地摆出同样的姿势。当一个人将手交叉在后面时，另一个人也会有相同的举动出现，就好像在照镜子一般。长年生活在一起的夫妇，外表看起来很相似，也是同样的道理。

人际沟通中，不经意地模仿对方的动作，是博得对方好感的好方法。

"相似等于喜欢"的理论，同样可以应用在语言上。感情好的朋友，往往都会用相似的语言。反过来说，如果想要和对方变得亲近，就必须配合对方，使用和对方相似的语言。例如，和喜欢使用外文及流行语的人交往，自己也要下意识地使用外文和流行语；对方如果有特殊口音，虽然不需要全部用相同的口音说话，但也应尽可能以相似的腔调说话；面对说话速度快的人，讲话速度就要比平常快一点；对常使用专门用语的人，也要以同样的方法相待。

第二章
说话要圆融，不粗鲁的说话艺术

说话圆融，能让你与他人的沟通更加顺畅，继而给你带来融洽的人际关系。关系融洽了，事情自然就水到渠成。

做到和颜悦色、以理服人

那是1917年秋季,伍德将军正负责训练风斯顿兵营中的近三万名新兵。

有一天,一名新兵正与他的女友携手同行,当伍德将军的小车驶过他们身边的时候,这名新兵却装着没有看见伍德将军的样子,蹲下去系他的鞋带。这对于军纪严明的美国军人来说,下级遇着上级不敬礼,是一个不小的错误。

出乎意料的是,伍德将军并没有训斥那名失礼和愚蠢的新兵。他要以他的带兵策略,去感动那名士兵,让他主动承认错误。于是,伍德将军走下车,来到新兵面前,对他说:"你刚才看见我了吗?"那名士兵恐惧而又很自然地说:"是的,长官。"伍德将军又问:"可是,你为了避免行礼,就故意装着系鞋带?"士兵缄默不语。

"现在我请你考虑一下,假如我们俩换个位置,你想,我该怎么做?"伍德将军又说,"换了我,我一定会示意女友松开手，说：'瞧，我得先给老头敬个礼！这是军纪，懂吗？'"

士兵似乎明白了伍德将军的意图，立即向伍德将军敬了个标准的军礼，说："是的，长官，多谢您的训导！"伍德将军笑着回礼后，驱车而去。

这个简单的故事说明伍德将军带兵有方。他和颜悦色，自喻为"老头儿"，而使士兵心服口服地接受了他的批评。

在伍德将军从戎的生涯中，他总是以谦和的态度先博得属下的欢心，然后再让他的下级官兵们去执行他的意图和计划。

曾经有人问伍德将军手下的参谋："为什么士兵们都如此爱戴、崇敬伍德将军，并对伍德将军的意见和建议执行不疑？"这名参谋的回答是："原因就是伍德将军开朗、善意的心深深地印在每个下属官兵的脑际，他统率的官兵都以将军的精神为榜样。"

现实生活中的每个人，无论做什么事情，都得与周围一班需听命于自己的人发生联系。我们都会意识到，对我们的属员给予关心、体贴，让他们的自尊心受到保护，我们所得到的回报将是他们全力地支持、协助你的事业，不折不扣地贯彻你的意见和计划。

在谈到如何赢得人心，深得别人支持与赞同时，美国铜产大王马库斯·戴利认为，对于任何雇员，即使是办公室的仆役亦应如此，必须使他们意识到他们被上司器重和尊重。他说："在整个机关中，我们对仆役，应当与其他任何人一样，给予他们同样的尊重。因为仆役在传达你的意见、信函的收递方面起着重要的作用。他从你那儿得到尊重和信任，反过来，他将很迅速、准确地将你的意见和计划传送给每个应被传送的人。"

一个深冬的晚上，纽约电器公司的一名职员站在大街的拐角处出神。原来他看见一个衣着整洁的人从街心的洞里钻出来，他感到惊奇：夜深天冷，这么个衣着打扮的人会在这洞里干什么呢？

这个便是纽约市电话总局的经理伏罗克，因这个地段的线路出了故障，两名修理工正在紧急抢修。伏罗克特地钻进洞里采访他们，并与他们闲谈，后来伏罗克被誉为"十万人的好友"，成为美国电话领袖的前辈，并成功地担任了密西根贝乐电话公司的总经理。

伏罗克时常以友好、和善的态度看望他的下属，这是他用来表示他对他们工作重视的一种方法，也是他赢得人心、赢得别人贯彻自己计划的路径之一。

例如，伍莱梅格每天都在他那规模宏大的商店里来回巡视。他时不时地停下来，与打杂的小伙计、接待顾客的店员及部门主任闲聊片刻，拉拉家常，给予几句关于私事或公事方面的劝导和告诫，这样做的结果是他的所有雇员除了全力地执行他的计划外，还不断给他出谋划策，他公司里的营业额不断上升。

一种对于属员最不可取的策略是不理会他们。凡是被你漠视的工人或者职员，慢慢会使他们的工作热情锐减；在不知不觉中，他们的自尊心与自信心便受到很大打击。其结果往往会导致一些不愉快的事情发生，或者在工作中贯彻你的意见不彻底，或者干脆不去认真执行你的意见与计划。

所以，对自己的属员，老板和公司应做的工作便是显示出真切的关怀，以"心"换"心"，以培养一种友好的情意，最终达到彼此成就的目的。

减少沟通和误会

纵然只是一句玩笑话,若造成对方的误解,恐怕也会导致意想不到的不快;甚至是一句安慰、犒劳的话,如果超出了对方能接受的限度,也可能变成误解。因此,在说话之前,一定要考虑对方的状况以及接受的限度。

那么,怎样才能尽量使自己的话不被别人误解呢?

1. 不要随意省略主语

根据现代语法,在一些特殊的语境中是可以省略主语的。但这必须是在交谈双方都明白的基础上,否则随意省略主语,容易造成误解。

一个星期天的上午,在一家商店,一个男青年正在急急忙忙挑帽子,售货员拿了一顶给他。他试了试说:"大,大。"

售货员一连给他换了四五种型号的帽子,他都嚷着:"大,大。"

售货员生气了："分明是小,你为什么还说大?"

这青年结结巴巴地说："头,头,我说的是头大。"

售货员狠狠地瞪了他一眼,旁边的顾客"扑哧"一声笑了。造成这种狼狈场面的原因就是这个年轻人省略了他陈述的主语——"头"。

2. 要注意同音词的使用

同音词就是语音相同而意义不同的词。口语表达脱离了字形,所以同音词用得不当就很容易产生误解。如"期终考试"就容易误解为"期中考试",所以这时,不如把"期终"改为"期末",就不会造成误解了。

3. 少用文言词和方言词

在与人交谈中,除非有特殊的需要,一般不要用文言词。文言使用过多,容易造成对方的误解,不利于感情的交流和思想的表达。

有这样一个故事:有个小伙子,年过三十仍没娶妻,他母亲非常着急。后来别人给他介绍了一个姑娘,几天后,他写信告诉母亲:"女方爽约。"母亲非常高兴,认为约会是爽快的,逢人就讲儿子有对象了。一年后,母亲要求见见姑娘,儿子才把"爽约"解释清楚。母亲连连责怪儿子话没说清楚,耽误了时间,小伙子也后悔莫及。如果小伙子当初把"爽"字改为"失"字,就不会造成这样的误会了。

4. 说话时要注意适当的停顿

书面语要借助标点把句子断开,以使内容更加具体、准确。在口语中,我们常常借助的是停顿,有效地运用停顿可以使你的话明白、动听,减少误解。有些人说起话来速度很快,特别是在激动的时候,就不注意停顿了。

有一次下班途中,一个青年遇到一群刚看完电视球赛的学生,就问:"这场比赛谁赢了?"

有一个学生兴奋地说:"中国队大败韩国队获得冠军。"

这位青年迷惑了:到底是中国队大败了韩国队,还是韩国队获得了冠军呢?他又问了另一个学生,才知道是中国队胜了。我们在与人交谈时,一定要注意语句的停顿,使人轻松地听懂你的话。

把好"嘴门关"

在现实中,正人君子有之,奸佞小人有之;既有坦途,也有暗礁。一个人如果不注意说话的内容、分寸、方式和对象,不把好自己的"嘴门关",往往容易招惹是非,授人以柄。因此,说话小心些,为人谨慎些,使自己置身于进可攻、退可守的有利位置,牢牢地把握人生的主动权,无疑是有益的。一个信口开河、喋喋不休的人,会显得浅薄俗气、缺乏涵养而不受欢迎。

你有得意的事,就该与得意的人谈;你有失意的事,应该和失意的人谈。说话时一定要掌握好时机和火候,不然的话,一定会碰一鼻子灰,不但目的达不到,而遭冷遇、受申斥也是意料中的事。说话随便的害处是非常多的。有些奸佞小人,会巧妙地利用别人在说话时机、场合上的失误,拿着当枪使,以达到损人利己的目的。

有句老话叫作"祸从口出",为人处世一定要把好"嘴门关"，什么话能说，什么话不能说，什么话可信，什么话不可信，都要在脑子里多绕几个弯子。害人之心不可有，防人之心不可无。一旦中了小人的圈套，为其利用，后悔就来不及了！

每个人都有自己的秘密，都有一些压在心里不愿为人知的事情。不要随便把你的事情、你的秘密告诉不熟悉的人。

你的秘密可能是私事，也可能与公司的事有关。如果你无意之中说给了同事，很快，这些秘密就不再是秘密了。它会成为公司上下人人皆知的故事。这样对你极为不利，至少会让同事对你产生一点"疑问"，而对你的形象造成伤害。

还有，一旦把你的秘密告诉一个别有用心的人，他虽然不可能在公司进行传播，但在关键时刻，他会拿出你的秘密作为武器回击你，使你在竞争中失败。这个把柄若让人抓住，你的竞争力就会被大大地削弱了。

身为某公司总经理的查尔斯先生说过："之所以要讲究说话的技巧，是因为许多人常常不假思索就信口开河，因而导致种种不良的后果。"他还说："为了达到目的，说话时必须力求简单明了而且有说服力。但最重要的是该说则说，不该说则不说，不了解的事就不该说，甚至突然想起的话题也应该尽量避免向朋友提及。"

有的人口齿伶俐，在交际场上口若悬河、滔滔不绝，但是，假若口无遮拦，说错了话，说漏了嘴，也是很难补救的，所以说话前应多注意。否则，若因言行不慎而让别人下不了台，或把事情搞糟，是不礼貌的，也是不明智的。因此，在与人交谈时必须注意以下几点。

1. 不要探问别人的隐私

热衷于打听别人隐私的人是令人讨厌的。在西方人的应酬中，探问女士的年龄被看成是最不礼貌的行为之一，所以西方人在日常应酬中可以对女士毫无顾忌地大加赞赏，却不去过问对方的年龄。

人们似乎都有一大爱好，那就是特别注意他人的隐私，尤其是名人的隐私。在与人交往中，为了避免引起别人的不快，一定要避免探问对方的隐私。你打算向对方提出某个问题的时候，最好是先在脑中过一遍，看这个问题是否会涉及对方的个人隐私，如果涉及了，要尽可能地避免。这样对方不仅会乐于接受你，还会因你在应酬中得体的交谈而对你留下好的印象，为继续交往打下良好的基础。

具体说，在日常应酬中涉及隐私的主要有以下几个方面：

女士的年龄；

工作情况及经济收入；

家庭内务及存款；

夫妻感情；

身体（疾病）情况；

私生活；

不愿公开的工作计划；

其他不愿意为人所知的隐私。

2. 不能当众揭对方的隐私和错处

有人喜欢当众谈及对方的隐私、错处。心理学研究表明：谁都不愿把自己的错处或隐私在公众面前曝光，一旦被人曝光，就会感到难堪而恼怒。因此在交往中，如果不是为了某种特殊需要，一般应尽量避免接触这些敏感区，以免使对方当众出丑。必要时可采用委婉的话暗示你已知道他的错处或隐私，让他感到有压力而不得不改正。知趣的、会权衡的人只需"点到即止"，一般会因顾全自己的脸面而悄悄收场。当面揭短，让对方出了丑，说不定对方会恼羞成怒，或者干脆耍赖，出现很难堪的局面。

3. 不能故意渲染和强调对方的失误

在交际场上，人们常会碰到这类情况，当人们讲了一句外行话，念错了一个字，搞错了一个人的名字，被人抢白了两句等情形，这种情况下，当事人本已十分尴尬，生怕更多的人知道。一般说来，只要这种失误无关大局，作为知情人的你就不必大加张扬，故意搞得人人皆知，更不要抱着幸灾乐祸的态度，以为"这下可抓住你的笑柄啦"，小题大做，拿人家的失误做取笑的笑料。因为这样做会伤害对方的自尊心，你将结下怨敌。同时，也有损于你自己的社交形象，人们会认为你刻薄饶舌，会对你反感、有戒心，敬而远之。所以，渲染他人的失误，实在是一件损人而不利己的事。

4. 要给对方留点余地

在社交中，有时会参与一些竞争性的文体活动，比如下棋、乒乓球赛等。尽管只是一些娱乐活动，但人因竞争心理总是希望成为胜利者。一些棋迷、球迷就更是如此。有经验的社交者，在自己取胜把握比较大的情况下，往往会适当地给对方留点面子。尤其在对方是老人、长辈的情况下，你若穷追不舍，让他狼狈不堪，有时还可能引起意想不到的后果，让你无法收拾。其实，只要不是正式比赛，作为交流感情、增进友谊的文体活动，又何必酿成不愉快的局面呢？在其他的事情上也一样，集体活动中，你固然多才多艺，但也要给别人一点表现自己的机会；你即使足智多谋，也不妨再征求一下别人的意见。"一言堂""独风流"是不利于社交的。

5. 不宜过早说深交话

在交往中，我们有时结识了新朋友，即使你对他有一定的好感，但毕竟是初交，缺乏更深切的、本能性的了解，你不宜过早与对方讲深交、讨好的话，包括不要轻易为对方出主意，因为这很可能会导致"出力不讨好"。如果对方实行你的方法却行不通，他则可能以为你在捉弄他；即使行之有效，他也不一定会感激你。除非是好友，否则不宜说深交的话。

6. 不能强人所难

有些事情，对方认为不能做，而你认为应该做；对于某事，你箭在弦上，不得不发，而对方却认为不该做或做不了。这时，你不要把自己的意见强加给对方。强人所难，是不礼貌、不明智的。

7. 不能不看时机

有的人说话时旁若无人、滔滔不绝，不看别人脸色，不看时机场合，只管满足自己的表现欲，这是修养差的表现。说话应注意对方的反应，不断调整自己的情绪和讲话内容，使谈话更有意思、更为融洽。

不妨多捧他人

与人交往时,我们应该多赞扬对方的长处,适当地做一些自嘲,不能总是滔滔不绝说自己的好处,而应多"捧捧"别人,别人自然也会与我们友好相处。如此,我们才会在朋友中受到欢迎,才能更广泛地扩充人际关系网。

有句老话说:"休要长他人志气,灭自己威风。"所以有些人在与别人交往时,总不忘拼命抬高自己的身价,甚至通过诋毁、打击他人达到这个目的。总想以自己的长处来比别人的短处,显示自己的高贵,但效果恰得其反。创建人脉关系网时,有时却应反其道而行之:多增长一些他人的志气,灭灭自己的威风。

如何才能增长他人的志气呢?夸奖赞赏是最好的一招。夸赞就是宣传,是广告,很早以前就有了夸赞人家的办法,叫作互相标榜。但是所谓夸赞,绝不是瞎吹,也不是胡说,而要符合对方的实际情况。每个人都有所短,也都有所长,有些人只看见他人的短处，看不见长处，把别人的短处看得很重要，把长处看得很平凡，所以往往觉得欲夸赞而无可夸赞之处。我们应该认识到金无足赤、人无完人的道理，只要不盯着别人的短处，多看别人的长处，可夸赞的地方多着呢！而且你夸赞一个人，并没有欺骗大众，只是使大家注意到他的长处，也使他因受到大众的注意，而格外爱惜自己的长处，从而努力培养自己。

夸赞也有方法。当着某人的面夸赞他的效果不如当着大众来夸赞他，等于把他的长处做一次义务宣传，他一定非常高兴。只要夸赞得不过火，大众也不会觉得你在有意地夸赞。或者在某人的背后，表扬他的长处，以几件具体的事实，略加几分渲染，使听到的人对于此人产生良好印象，事后再传到他的耳朵里，这要比当面夸赞他更有力。一有机会，他也会回报你，把你夸赞一场。俗语说："有钱难买背后好。"足见重视背后夸赞是人之常情。如果你会写文章，一有机会就把某甲的长处作为你文章的实例，说出他的真实姓名，你的文章若有100人读，就是向100个人夸奖他。被你夸奖的人会是多么高兴，多么得意，与你的感情也一定会大有加深。联络感情，原不是一件容易的事，用夸赞来联络感情，是最简单、最有效的方法，而且就道德论，还正与古人扬善之旨相吻合。

从前也有人以不轻易赞许别人为正直的表现，但此标准有失偏颇。一些人眼界过高，胸襟狭窄，他自己必不十分得意，因为不得意，对于一般人多少有些妒忌、仇视的成分，所以越发不肯轻易赞许别人了。有的年轻人不肯夸赞人，第一是误认为夸赞人就是谄媚，有损自己的人格；第二是自视清高，觉得一般人都比不上他；第三是怕别人胜过了自己。如果能够摒弃这种不健康的心理，而用心研究如何夸赞人的方法，必然能领略到其中的好处。因此，在丰富自己人际关系网的过程中，学会夸赞别人是十分必要的，不要吝啬你的赞美之词，掌握一定的技巧，那么你一定能大受别人欢迎，你的人际关系网一定会大大扩充。相反，如果自命清高，故步自封，那无异于自断后路。

见什么人说什么话

美国前总统里根像绝大多数演员和政治家一样，老早就产生了一种博人喜爱的欲望。他用精心安排的幽默语言点缀他的演讲，以赢得特定观众的尊重。

对农民发表演说时，里根说了这么一件事来讨好他的听众：

一个农民得到一块业已干涸的小河谷。这片荒地覆盖着石块，杂草丛生，到处坑坑洼洼，他每天去那里辛勤耕耘，不断劳作，最后荒地变成了田园，为此他深感骄傲和幸福。某个星期日的早晨，他操劳一番后前去邀请部长先生，问他是否乐意看看他的田园。

那位部长来了，视察一番。他看到瓜果累累，就说："呀，上帝肯定为这片土地祝福了！"

他看到玉米丰收，又说："哎呀！上帝确实为这些玉米祝福过。"接着又说："天哪！上帝和你在这块土地上竟取得了这么大的成绩呀!"

这个农民禁不住说:"尊敬的先生,我真希望你能看到上帝独自管理这片土地时,它是什么模样。"

里根迎合少数民族的手法就像他迎合不同阶层的人民那样富于变化,有吸引力。在向一群意大利血统的美国人讲话时,他说:"每当我想到意大利的家庭时,我总是想起温暖的厨房,以及更为温暖的爱。有这么一家人住在一套稍嫌狭小的公寓里,他们决定迁到乡下的一座大房子里去。一个朋友问这家中12岁的儿子托尼:'喜欢你的新居吗?'孩子回答说:'我们非常喜欢,我有了自己的房间。我的兄弟们也有了他们自己的房间,我的姐妹们都有了自己的房间。但是可怜的妈妈,她还是和爸爸住一个房间。'"

里根总统访问加拿大,在一座城市发表演说。在演说过程中,有一群举行反美示威的人不时打断他的演说,明显地显示出反美情绪。里根是作为客人到加拿大访问的,作为加拿大的总理,皮埃尔·特鲁多为这种无理的举动感到非常尴尬。面对这种困境,里根反而面带笑容地对他说:"这种情况在美国是经常发生的。我想这些人一定是特意从美国来到贵国的。可能他们想使我有一种宾至如归的感觉。"听到这话,尴尬的特鲁多禁不住笑了。

我国有句谚语说:"到什么山唱什么歌,见什么人说什么话。"看来远隔重洋的里根是深谙此道的,所以在政坛上才能够左右逢源,大出风头。

见什么人说什么话,说话内容因人而异是非常必要的。在一般情况下,运用这种方法时要考虑以下几个方面。

根据性别的差异。对男性,需要采取较强有力的劝说语言;对女性,则可以温和一些。

根据年龄的差异。对年轻人,应采用富有激情的语言;对中年人,应讲明利害,供他们斟酌;对老年人,应以商量的口吻,尽量表示尊重。

根据地域的差异。对于生活在不同地域的人,所采用的劝说方式也应有所差别。比如,对于我国北方人,可采用粗犷的态度;对于南方人,则应细腻一些。

根据职业的差异。不论遇到从事何种职业的人,都要运用与对方所掌握的专业知识关联较紧密的语言与之交谈,对方对你的信任感就会大大增强。

根据性格的差异。若对方性格直爽,便可以单刀直入;若对方性格迟缓,则要把握"慢工出细活"的原则。

与不同性格的人交谈

在人际沟通中,如果你稍微留心一下,就可以把人们分成三种:爱说话的人、爱听不爱说的人、不爱说也不爱听的人。

下面我们具体讨论如何应对这三种人。

1. 应对爱说话的人

这种人最容易应对,你只要用一两句话引导他,他便会一直说下去。对这种人,你要有足够的忍耐功夫,不管他说得怎样,你都要耐心地听着,那么他就会非常高兴;哪怕你一句话不说,他也会以你为知音。

2. 应对爱听不爱说的人

这种人就比较难应付了。他虽生性不爱说话,却十分喜欢听别人说话。你要是不说,这局面就难以维持下去,那么你就得小心了。

你可以由头说到尾，但你要牢记，你是说给对方听，不是说给自己听；不在于只图自己痛快，必须顾全到对方的兴趣。你要为听者着想。第一，你要先试探对方有没有兴趣（用几个回合的问答就可以试探出来了），然后选择有兴趣的话题谈下去。一般人愿意听你谈话，大多因为你有某种值得听的东西：或由于你刚从外地带回来很多消息，或由于你的某些经验值得学习，或由于你知道了一些特殊的新闻，或由于你对某一问题具有独特的见解……所以他才愿意耐心听你说。

首先，有一点要注意，说一个话题时要适可而止，不可拖长，否则仍会令人疲倦。说完一个话题之后，就要另找新鲜话题，如此才能把对方的兴致维持下去。

其次是在交谈当中，你必须时常找机会诱导对方说话。说到某一部分时征求他的见解，或谈到某个问题时请他发表自己的意见等，要使对方不至于呆听。

3. 应对不爱说也不爱听的人

这种人通常坐在客厅的一个角落里，抽着香烟。当偶然听见别的人哄然的笑声时，他也照例跟着笑，但这笑显然是敷衍的，因为笑容随即收敛，他的目光已经移到窗外或是墙上的另一张字画上去了。

这是最难应付的一种人。要是在别人的家里遇到，或在宴会厅里,刚巧他坐在你身边,那你就不能不想办法应对了。

为什么这种人如此与众不同呢?大概有两种原因。

第一,他可能是在一伙人当中年纪较大或较小,或学问兴趣不合;谈天说地,问题无非是饮食男女,可能会言语粗俗、言不及义,使比较有修养的人望而却步,所以他才独自躲坐一角。只要你知道症结所在,应付是不难的。你可以从几个问句中探明他的兴趣,然后和他谈论下去。他见你谈吐不俗,一定会以你为知己,如此一来,僵局就打开了。

第二,他的思想并非特别高深,不过生来有点怪僻,与人难合。你用几句话探出其原因后,就可以采取另外的一种方法去应付他。

"梅西近来技术不行了!"比方你知道他对足球颇有兴趣,这一句是很好的激将法,因为十个足球迷中有九个拥戴梅西。如此一来,他必不肯善罢甘休,你当然要在后来表示屈服,不过在战略上你已经胜利了。

这种激将法同样可用在对付学问高超但生性古怪的学者身上。"如果要提高中学生的语文水准,一定要加强文言文的教育。"对于一个提倡白话文的学者,这句话是不能忍受的,于是你的目的又达到了。

在任何场合中,遇到任何人,谈话的方法是先要成竹在胸,以备随机应变。

留心自己的声音

当你与别人进行沟通的时候,是否曾经留心过自己的声音呢?你的声音怎样?这是一个必须注意的问题。但这并非是苛求你的声音要如同电台播音员那样美妙动听。嗓子的高低、清浊,人人不同,这与人的身体有关系。身体强健的人,多半会有一个清脆嘹亮的声音。不过嗓子是次要的问题,并不是决定你说话清楚与否的关键。重要的是以下两点:

1. 说话速度是否太快

我们常见许多人说话很快,有的快而清楚,有的快而不清楚,听了以后也不知所云。由于说话太快而咬字不清,固不足道;即使是说话快而清楚,也不足效法。你虽有说话很快的本领,但听者不一定有听得"快"的本事。说话的目的在于使人全部都了解,否则就是废话。训练你自己,说话时声音要清楚,快慢合宜。说一句,人家就听懂一句,不必再问你。你要明白,陌生的人或地位比你低的人是不大敢一再请你重说一遍的。

2. 说话声音是否太高

在火车里,在嘈杂的公共场所中或者在别人放爆竹的时候,提高声音说话是不得已的,但绝不适合于平时。试想在一个柔和的黄昏,或在舒适的室内,高声说话是多么粗俗与煞风景啊!在客厅里,过高的声音会使主人厌恶;要是在公共场合,更会令你的同伴感到难堪。除非对方重听,否则,你说话时要记着:对方不是聋子。

诚然,说话时绝对不可太快或太响,你要明白的是不可每个句子都说得太快太响,而是要懂得怎样调节。

抑扬顿挫,这是调节你声音大小强弱的方式。在乐曲里,不是有极快、快、略快、慢、略慢和最慢等快慢符号吗?不是也有极强、强、渐弱等强弱符号吗?如果你想使自己所说的话也像音乐一般动听,不可忘记在应快时要快,应高时要高,应慢时要慢,应低沉时低沉。流水般毫无抑扬顿挫的说话方法,是最易使听者疲倦的。

常常留心电视上那些演技精湛的演员,他们说话的神态是你最好的榜样。你必须细细揣摩,这对你叙述一件事情的经过或发表较详细的意见是很有用的。

不可忽视神态举止

一位心理学家指出：无声语言所显示的意义要比有声语言多得多，而且深刻。他还对此列出了一个公式：

信息的传递 = 7% 话语 + 38% 语音 + 55% 表情

虽然人们是用语言交谈，用语言传播信息，但语言并不是说话的全部。无论是说话者还是听话者，信息的准确传播和接受，都还得借助双方的表情、姿态、动作等肢体语言。

真正会说话的人，不仅会用嘴说，还会使用各种表情和肢体语言。事实上，肢体语言本来就是人们用来传情达意的一种重要方式，通过眼神、表情、手势或姿态等，就能把自己的心意传达给对方。

事实上，一个人讲与听的过程，是交替使用眼睛和耳朵的过程。根据美国的语言专家研究，人的感官印象中，有77%来自眼睛，14%来自耳朵，9%来自其他感官。因此，当我们与人交往时，必须十分注意自己的言谈举止和表情，是否已经被对方所接受。

有的人一开口就滔滔不绝,但别人却不爱听、听不懂,或者根本不想听。究其原因,问题很可能就出在他的神态举止上。

神情倨傲,会伤害听众的自尊心;态度冷淡,会令听众失去听的兴趣;举止随便,会使听众对你不够重视;表情卑屈,会使听众产生怀疑;动作慌乱,会动摇听众对你的信任感;面容过于严肃,会使听众感到压抑和拘谨……可见,善于说话的人,在一举手、一投足间,都将影响着信息传播的效果。

摒弃不良的谈吐态度

良好的态度有如磁石,吸引着朋友和听众,不友好的态度有如恶臭的味道,使别人掩鼻躲避。以下列举七种不友好的谈吐态度。

1. 武断

武断的态度是交谈的毒药,如果你开口"当然"、闭口"绝对",那别人还有什么话可说呢?

所以,你要尽可能避免说这样的话:"所有的政治,都是欺骗。""所有的战争都是罪恶。""所有的女人都是弱者。"像这样的话,不但使你显得偏激,而且也不符合事实。在你的语句中,要多用一些这类字眼:"有的人……""有的时候……""可能""也许""或者"……给你的意见或判断略加一些限制,留一点余地。在说完自己的意见之后,也不妨问一问对方:"这是我个人的看法,你觉得怎样?"或者说:

"我可能有错,所以希望知道你的看法。"

更重要的是,要警惕自己不要用一种非常肯定的语调来讲话,好像大将军发布命令似的。不管你说什么,这种腔调别人一听就不舒服,觉得你把自己抬得太高了。这种把自己放在一切人、一切事之上的态度,不久就会使你陷于完全孤立的地位。

2. 喜欢争论

交谈是要在融洽的、有商有量的气氛中进行的。我们不妨和别人一起讨论问题,不妨表示自己和别人不同的意见,谈话正是给大家交换各种意见、辨明是非、分析正误的好机会。但讨论和争论毕竟不同,喜欢争论的人常常把大家平静、融洽的讨论气氛破坏了,他们特别强调自己的"是",对别人的不同意见随便地加以攻击和抹杀,结果使大家面红耳赤、不欢而散。讨论可以使多种不同的意见得到调和、补充、谅解,而争论却使它们相互对立起来,使调和、谅解变成不可能。

3. 沉闷单调,了无生气

有的人在跟别人说话时,总是毫无兴趣的样子。无论别人怎样也不加以反应,轮到他非说不可的时候也支支吾吾,好像半句话都懒得说的样子。

交谈就好像是打乒乓球，有来有往、一问一答才有趣，如果一边把球不断地打过来，一边却呆立在那里，一个球也不接，那还有什么趣味呢？倘若在人多的场合，在大家有谈有笑的时候，你一个人蜷缩一隅，两眼望着自己的鼻尖，不言不语、不听不看，那么别人就会觉得你孤独怪僻、不近人情了。

4. 不诚恳，不老实

别人跟你谈话，你支支吾吾，随便敷衍；你胡乱地赞美别人，过分地恭维别人；你一时这样说，一时又那样说，叫人不明白你真正的意思；你口是心非，自欺欺人；你装腔作势，夸夸其谈；你不知却装作知，卖弄聪明才智……诸如此类，都使别人在心里给你一个很不好的评价。

5. 自我中心，自高自大

有的年轻人特别喜欢谈自己，而且带着那种无限自怜与自爱的神情；有的人特别喜欢向别人夸耀自己的成功，转弯抹角地为自己吹嘘；有的人谈起自己的想法来好像那是绝顶聪明的意见，自己的所作所为好像都可以做别人的榜样。这种态度，也是非常令人不快的。

6. 轻佻、浮躁

有的年轻人误把轻佻当作轻松，误把浮躁当作活跃。这种人总是沉不住气,总是想出一点儿花样,想在别人面前表现自己的聪明机智。例如,别人正在谈着某一个问题,他就跑来打岔;他以为应该使气氛显得热闹一点,就胡乱说一些不得体的笑话,嘻嘻哈哈,自以为富于幽默感。他不知道不切题、不合时宜的笑话,只会使他自己显得轻浮、肤浅,而且也使别人感到不舒服。他不知道人们有时也需要正正经经、安安静静地谈话,不一定要乱笑乱嚷。

7. 粗暴

有一段关于风和太阳的寓言。

风和太阳争执谁的力量大,风说道:"我能证明我的力量大,看,地下正有一个老者身穿大衣,我能比你更快地使他把大衣脱掉。"

于是太阳躲进乌云里,风使出他的威力狂吹,但是风吹得越大,那老者越用手拉紧他的大衣。

最后风筋疲力尽,停下来了,太阳从云彩里走出来,开始对着那老者和气地笑。不久,那老者便用手拭他前额的汗并将大衣脱去。于是太阳对风说:"看见了吧,仁慈和友善永远比愤怒和暴力更为有力。"

这是个有趣的寓言,但愿也能给你一些深刻的启示。

电话巧交流

电话（包括移动电话）交流自有一套艺术技巧，是语言技巧中的一种。电话交谈要掌握哪些原则呢？

1. 时间控制原则

电话交谈所持续的时间一般以3~5分钟为宜，如果要占用较长的时间，最好询问对方方便与否。切忌自己喋喋不休，而不管对方是否还有急事要办。

如打通电话，先征求对方的意见，"您现在有空吗？我想和您谈谈某方面的事情，可以吗？"这样，既显示出你的礼貌、教养，又尊重了对话者的时间要求。

2. 起始语控制原则

要求接通电话后的第一句话应先报出自己的名字和身份。寻人时称呼要明确，特别是打电话到一个不太熟悉的单位找人，更不宜直接用简称，这是很不礼貌的表现。

3. 音量、语调控制原则

打电话时，嘴要对着话筒，嘴唇离话筒大约 1~2cm，用适当的音量讲话即可。说话时应注意语调清晰、柔和。语调过高、语气太重，会使对方感到尖刻、严厉、生硬和冷淡；语调过低、语气太轻，会使对方感到你无精打采，有气无力；语调过长，显得懒散拖沓；语调过短，显得心不在焉、不负责任。

电话语言往往体现出通话者此时的心境和情绪。当你紧锁眉头，电话里的声音也一定沉闷、无力；当你面带微笑，电话会传递你的欢乐、喜悦。控制语音、语调，实际上就是控制你自己的情绪。

4. 回话控制原则

电话铃响后应及时去接。通话者拿起话筒要先自报单位、姓名，再问"您是哪位"。替别人接电话也应注意礼节，要向对方做出充分的解释，而不能简单地说"他不在""不知道"，而应说"他刚出去，我帮您留话好吗？"。

5. 挂机先后原则

假如是与外宾、上级或长辈通电话，谈话结束后，要听到对方确实把话筒放下了才可以把电话挂掉,以表示对他们的尊重和应有的礼貌。同样道理,商店、酒店等单位接到顾客的咨询电话,也是要先等顾客放下话筒才能挂断电话。

另外,现在许多地方的移动电话是双向收费的,因此,你在打别人的移动电话时,最好问一下对方是否在办公室或家里,打对方的固定电话比较好。

第三章

巧嘴办事,不死板的说话艺术

对于办事的高手来说,天下没有办不成的事。办事讲策略,成事有方法。办事是人生的一门深不可测的大学问,有方法,有策略,也有诀窍。只有把握住办事的原则、技巧,才能得到事半功倍的效果,否则就会变得事倍功半,甚至招致失败。

巧妙提出办事请求

任何人都有获得别人尊重的欲望,所以在向别人提出要求时,我们要特别注意使用礼貌语言,维护对方的面子,照顾人家的意愿,巧妙提出自己的要求,讲究分寸,让对方在不经意中向你敞开心扉。

1. 间接请求

通过间接的表达方式(例如使用能愿动词、疑问句等),以商量的口气把有关请求提出来,讲得比较婉转一些,令人比较容易接受。

"你能否尽快替我把这事办一下?"

(比较:赶快给我把这事办一下!)

通过比较,我们不难看出,间接的表达方式要比直接的表达方式礼貌得多,因而更容易得到对方的认可和帮助。

2. 借机请求

借助插入语、附加问句、程序副词、状语从句及有关句型来减轻话语的压力，避免唐突，充分维护对方的面子。

"不知你可不可以把这封信带给他？"

（比较：把这封信带给他！）

语言中有很多缓冲词语，只要使用得当，就会大大缓和说话的语气。

3. 激将请求

通过流露不太相信对方能成功的想法，把请求、建议表达出来，给对方和自己留下充分考虑的余地。

"你可能不愿意去，不过我还是想麻烦你去一趟。"

你请别人帮忙或者向别人提出建议时，如果对方可能不具备有关条件或意愿就不应强人所难，自己也显得很有分寸。

4. 缩小请求

尽量把自己的要求说得很小，以便对方顺利接受，满足自己的愿望和要求。

"你帮我解决这一步已使我感激不尽了，其余的我将自己想办法解决。"

我们确实经常发现，人们在提出某些请求时，往往会把大事说小。这并不是变着法儿使唤人，而是适当减轻给别人带来的心理压力，同时也使自己便于启齿。

5. 谦恭请求

通过抬高对方、贬低自己的方法把有关请求等表达出来，显得彬彬有礼、十分恭敬。

"您老就不要推辞了，弟子们都在恭候呢！"

请求别人帮助，最传统有效的做法是尽量表示虔敬，使人感到备受尊重，乐于从命。

6. 自责请求

首先讲明自己知道不该提出某个请求，然后说明为实情所迫不得不讲出来，令人感到实出无奈。

"真不该在这个时候打搅您，但是实在没有办法，只好麻烦您一下。"

在人际交往中，要知道在有的时候、有些场合打搅别人是不适合的、不礼貌的，但这时又不得不麻烦人家。这就应该表示知道不妥，求得人家谅解，以免显得冒失。

7. 体谅请求

首先说明自己了解并体谅对方的心情，再把自己的要求或想法表达出来。

"我知道你手头也不宽裕，不过实在没办法，只好向你借一借。"

求人的重要原则就是充分体谅别人，这不仅要在行动中体现出来，而且要在言语当中表示出来。

8. 迟疑请求

首先讲明自己本不愿打扰对方，然后再把有关要求等讲出来，以缓和讲话语气。

"这件事我实在不想多提，但形势所迫，不得不求助于您了。"

在提出要求时，如果在话语中表示自己本不愿意说，会显得自己比较有涵养。

9. 述说请求

在提出请求时把具体原因讲出来，对方会感到很有道理，应该给予帮助。

"隔行如隔山，我一点儿也不知道人家那边的规矩。您是内行，就替我办了吧！"

在提出请求时，如果把有关理由讲清楚，就会显得合乎情理，令人欣然接受。

10. 乞谅请求

首先表示请求对方谅解,然后再把自己的愿望或请求等表达出来,以免过于唐突。

"恕我冒昧,这次又来麻烦您了。"

请求别人原谅是通过礼貌语言进行交际的最有效方法。用这种方式来进行交流显得比较友好、和谐。

尴尬话题委婉出口

对于容易造成尴尬局面的话题，有些人往往避而不谈；但一味消极逃避未必是最佳选择，况且有些事情关系重大，无法逃避，不得不面对。这就必须讲究策略，使尴尬话题委婉出口。

1. 己话他说

如果把两个人面对面地置于一个尴尬场面中却又不留回旋的余地，显然是不适宜的。尽量人为地拉开话题与现场之间的距离，给双方留下一个缓冲带。

张三拜访在市一中当校长的老同学李四，想把自己在普通中学读初二的儿子转学到一中。为了避免面对被李四拒绝的尴尬，张三先是称赞了一中良好的教学质量，然后说："我那不成器的儿子居然也想来一中镀镀金，也不想想自己……"李四一听，知道话中有话，忙说："他的想法没错，只是……"

于是，一场尴尬在无形之中避免。

2. 实话虚说

张三忽然听说好友李局长被处分的传闻，不知真假，又联系不上李局长，就到李家探望。确实只有李局长夫人在家，满脸愁容。张三说："我打李局长的手机总是打不通，便赶过来看看，是不是发生了什么事？"李局长夫人长叹一声："唉，胃病又犯了，昨天送医院了……"

原来如此！如果张三直接询问李局长是否真的受到处分，那场面会如何？

3. 庄话谐说

轻松幽默的话题往往能引起人感情上的愉悦，庄重严肃的话题则会使人紧张、慎重。要有可能，最好能把庄重严肃的话题用轻松幽默的形式说出来，这样对方可能更容易接受。

当下，谁都希望自己获得高工资、高职务。可如果向老板公开提出加薪或升职要求，是不是有点尴尬？一个青年打工者成功地克服了这一点，为我们做了个示范。

他在一家外资企业打工，在较短的时间内，连续两次提出合理化建议，使生产成本分别下降30%和20%。老板非常高兴，对他说："小伙子，好好干，我不会亏待你的。"

青年当然知道这句话可能意义很大,也可能不值一文,便轻松一笑,说:"我想你会把这句话放到我的薪水袋里。"老板会心一笑,爽快应道:"会的,一定会的。"不久他就获得了一个大红包和加薪奖励。

面对老板的鼓励,青年人如果不是这样俏皮回应,而是坐下来认真严肃地提出加薪要求,摆出理由若干条,可能会适得其反。

抓住对方的兴奋点

《孙子兵法·九地篇》中说:"为兵之事,在佯顺敌意。"这句话的意思是说,指挥打仗,在于假装顺从敌人的意图。

社会心理学的研究证明,人的情感引导行动。积极的情感,比如喜欢、愉快、兴奋,往往产生理解、接纳、合作的行为效果;而消极的情感,如讨厌、憎恶、气愤等,则带来排斥和拒绝。要使人对你的态度从排斥、拒绝、漠然到对你产生兴趣并予以关注,就需要最大限度地引导、激发对方的积极情感。"佯顺敌意",投其所好,就得善于寻找对方的"兴奋点"。

佯顺敌意并不一定要借助物质手段,有时赞美他人、从心理上使其满足,也能达到良好的效果。

清代著名画家郑板桥名气很大,脾气怪,不肯向权贵富豪低头折腰,也不愿卖字画给他们,如果不得不给,就把题上款一项省掉。如果题有上款,称为某兄某弟,那就是郑板桥对那人青睐有加了。

扬州有一个盐商叫王德仁，字昌义，家财万贯，却苦于得不到郑板桥的一幅正版字画，即使辗转迂回地弄到几幅，也不会有上款，这事一直让他耿耿于怀。

王德仁长期谋划，得知郑板桥就爱吃狗肉。如有人做一锅香喷喷的狗肉送给他，他会写一小幅字画回报，而且不要钱。

郑板桥喜欢出游，常常流连山水，乐而忘返。一天，他游到一处地方，时已过午，有点饿了。忽然听到悠扬的琴声从远处飘来，他循声寻去，发现前面有一片竹林，竹林中有两三间茅屋。刚走近茅屋，一股肉香扑鼻而来，茅屋里面有一位老者，须眉皆白，正襟危坐地弹琴，旁边有一个小童正在用红泥火炉炖狗肉。郑板桥不由得垂涎三尺，对老者说："老先生也喜欢吃狗肉？"老者说："世间百味唯狗肉最佳，看来你也是一个知味者。"郑板桥深深一揖："不敢，不敢，口之于味，有同嗜焉。"老人说："那太好了，我正愁一人无伴，负此风光。"于是便叫小童盛肉斟酒，邀郑板桥对坐豪饮。

郑板桥高兴极了，肉饱酒酣之余，想用字画作为回报。见老者四壁洁白如纸，但却空无一物，便问："老先生四壁空空，为何不挂些字画？"老者说："书画雅事，方今粗俗者多，听说城内有个郑板桥，人品不俗，书画也好，不知名实相符否？"郑板桥说："在下就是郑板桥，为先生写几幅如何？"老者大喜，赶忙拿出预先准备好的纸笔。于是郑板桥当面挥毫，立成数幅，最后老者说："贱字'昌义'，请足下落个上款，也不枉你我今天一面之缘。"郑板桥听了不由一怔，说道："'昌义'是盐商王德仁的字，老先生怎么与他同号了？"老者说："我取名字的时候他还没有生呢，是他与我同字，不是我与他同字，而且天下同名同姓的人太多了，清者清，浊者浊，这有什么关系呢！"

郑板桥见他说得在理，而且谈吐不凡，于是为他落了上款，然后道谢告别而去。

第二天郑板桥一早起来，想起昨天吃狗肉的事，总觉得有点不对劲，于是叫一个仆人到盐商王德仁家去打听情况。仆人回来说，王德仁将郑板桥送的字画悬挂中堂，正在发柬请客，准备举行盛大的庆祝宴会。

原来，王德仁以重金聘请了一位老秀才，花了几个月的时间在他经常去的地方等待，才抓到了这个机会，让郑板桥上了当。

像郑板桥这样清廉正直的人，却被一顿狗肉引上了"钩"。可见"投其所好"的方法只要运用得当，可以办成许多难办的事。

抓住对方的心理弱点

抓住对方的心理弱点，攻其一点，不计其余。

战国时，齐国人张丑被送到燕国做人质。不久，齐、燕两国关系紧张，燕国人想把张丑杀掉。

张丑得了消息，立即寻机逃走，尚未逃出边境，又被燕国一官吏抓住。

张丑见硬拼不行，便对官吏说："你知道燕王为什么要杀我吗？"

"不知道！"

"因为有人向燕王告了密，说我有许多财宝，但我并没有什么金银财宝，燕王偏偏不信我。"张丑说到这里，见官吏糊里糊涂，接着又说："我被你捉到了，你会有什么好处呢？"

"燕王悬赏100两捉你，这就是我的好处。"

"你肯定拿不到银子！如果你把我交给燕王，我肯定会对燕王说，是你独吞了我所有的财宝。燕王听后一定会暴跳如雷，到时候你就等着陪我死吧！"张丑边说边笑。

官吏听到这里，越发心慌，越想越害怕，最后只好把张丑放了。

张丑得以死里逃生，全靠他的这番话，他得以逃脱的原因在于抓住了官吏的心理弱点，然后一击即中。

在美国，关于第六任总统亚当斯的故事很多，他的一个特点是不愿轻易表露自己的观点，往往使报社的记者失望而去。有一名叫安妮·罗亚尔的女记者一直很想了解总统关于银行问题的看法，可屡次采访也同样没有结果。

后来她了解到总统有个习惯，喜欢在黎明前一两个小时起床、散步、骑马或去河边裸泳。于是她心生一计。

一天，罗亚尔尾随总统来到河边，先藏身树后，待亚当斯下水以后便坐在他的衣服上喊道："游过来，总统。"

亚当斯满脸通红，吃惊地问道："你要干什么？"

"我是一名女记者。"她回答道，"几个月来，我一直想见到你，就国家银行的问题采访一下。我多次到白宫，他们不让我进，于是我观察你的行踪，今天早上悄悄尾随你从白宫来到这里。现在我正坐在你的衣服上。你不让我采访就别想得到它，是回答我的问题还是在水里待一辈子，随便。"

亚当斯本想骗走女记者，"让我上岸穿好衣服，我保证让你采访。请到树丛后面去，等我穿衣服。"

"不，绝对不行，"罗亚尔急促地说，"你若上岸来抱衣服，我就要喊了，那边有三个钓鱼的。"

最后，亚当斯无可奈何地待在水里回答了她的问题。

这是一种非常手段。在此，需要提醒青年朋友的是，千万别玩过了火，否则就会产生反面效果，要知道，没人喜欢被威胁，否则可能会导致两败俱伤的严重后果。

变通是办事的法宝

敏锐的眼光和准确的判断力是事业成功的必备素质。任何事情在局势明朗之前，肯定都会有其前兆。具有慧眼的人会根据这些细微之处正确判断出事态的发展，采取相应的行动。要想获得成功就必须把自己培养成能判断形势的高手，从而把行动的主动权牢牢掌握在自己手中。

生活纷繁复杂，永远有许多无法预测的问题会发生，唯一的办法就是保持应变能力。你要准备随时改变方向和思维方式，适应对手的变化。

机动灵活是办事高手的基本素质之一。穷则变，变则通，通则久。许多不能办成的事，如果能够采取变通的方法处理，就有可能取得成功。

战国时，庄公把母亲姜氏放逐到城颍，临行前他发誓道："咱们不到地底下，别想见面！"

后来他又后悔了，颍考叔担任颍谷封人的官职，听说这件事后，亲自进贡给庄公。庄公宴请他，他吃的时候单独挑出肉来放在一边。庄公问他为什么，他回答道："小臣有老母亲，我想弄些肉给她尝尝。"

庄公说："你可以送食物给母亲，唉，我却没有！"颖考叔说："请问这是什么意思？"庄公把发誓的事告诉他，并且说后悔不已。颖考叔说："您担什么心呢！要是挖个地道，然后您和姜夫人通过地道来见面，谁会说您违背了誓言呢？"

庄公照他的话去办。果然，母子两个就和好了。

跳出两难的峡谷

形而上学的人生活在绝对的两极思维的峡谷中，或者是甲，或者是非甲（乙），没有其他的选择。丰富复杂的社会生活以无数的事实证明这种思维方式是错误的。生活中常有这样的事情发生：既不是甲，也不是非甲（乙），而是丙。换一句话说，就一个问题的解决方案而言，正方案不行，反方案不行，只有正反方案之外的方案，即第三条方案才是最佳方案。

宋朝的蔡京在洛阳的时候，遇到一个有趣的诉讼案件。有一个妇女生过一个儿子之后改嫁了，在新家里又生了一个儿子。后来，两个儿子长大成人，都做了官。他俩争着奉养母亲，相持不下，打上了官司。断案的人没有办法裁决，向蔡京求救。蔡京听后说："这有什么困难？问问他们的母亲，愿意去谁家就去谁家，不就完了吗？"就这样，蔡京以一言断了案。

断案人之所以陷入困境，是他的注意力只在对立的两个方案中打转转，是这个儿子的要求对，还是那个儿子的要求对？他就没想到跳出这个圈子，另外想办法。蔡京的高明之处，就在于发现了第三条路。

办事能力平庸的人在处理事情时，往往是一叶障目，在非常狭小的空间内打转转，不能以发散的思维和开阔的视野去寻求解决问题的方案。而办事能力高超的人能见人所未见，知人所未知，原因何在？其实很简单，就是因为他眼光敏锐，站得高，看得远，能在别人思考的范围之外思考，从而发现别人难以发现的东西。要想提高办事能力，应该善于在常规范围之外寻找解决问题的方案。

与不同性格的人巧交涉

每个人的嗜好、想法都不一样,会遇到的对手也是不同的。

与人交涉时,倘若能够明白对方属于何种类型,办起事来就比较容易了。现列举九类人供参考。

1. 第一类:死板的人

遇到这种人,你就要花些功夫注意他的一举一动,从他的言行中找出他所真正关心的事来。你可以随便和他闲聊一些话题,使他回答或产生一些反应。接下去,你要好好利用此类话题,让他充分表达自己的意见。

譬如,当你们聊到保龄球时,J先生的话就开始多了起来,这表示他对这种球很有兴趣。他很起劲地谈到打球的姿势、球场的情况和自己最近的成绩……原来死板的表情竟一扫而空,代之以眉飞色舞。

每一个人都有他感兴趣、关心的事，只要你稍一触及，他就会开始滔滔不绝。你必须利用这种人的心理，好好掌握话题内容。

2. 第二类：傲慢无礼的人

有些人自视甚高、目中无人，时常表现出一副"唯我独尊"的样子。这种举止无礼、态度傲慢的人是最不受欢迎的。当你不得不和他接触时，你应该如何应对呢？

对付这种类型的人，说话应该简洁有力才行，最好少跟他啰唆，多说无益；你要尽量小心，以免掉进他的圈套里。

不要认为这种人客气，你也礼尚往来地待他，其实，他多半是缺乏诚意的。你最好在不得罪对方的情况下，言辞尽可能"简省"；不必理会他的傲慢，尽量简明扼要地与之交涉就对了。

3. 第三类：沉默寡言的人

和不爱开口的人交涉实在是非常吃力的。对方如同哑巴一样，半天嘴里都挤不出一个字来，你就没办法了解他的想法，更无法得知他对你是否有好感。

应对这种人，你最好采取直截了当的方式，让他明白表示"是"或"不是"、"行"或"不行"，尽量避免迂回式的谈话。你不妨直接地问："对于 A 和 B 两种办法，你认为哪种较好？是不是 A 方法好些呢？"迫使他做出选择性回答。

4. 第四类：深藏不露的人

我们周围存在有许多深藏不露的人，他们不肯轻易让人了解其心思，或让人知道他们在想些什么。有时甚至说话不着边际，一谈到正题就顾左右而言他，防范心理极强。

当你遇到一个深藏不露的人时，你只有把自己预先准备好的资料拿给他看，让他根据你所提供的资料，做出最后决断。

人们多半不愿将自己的弱点暴露出来，即使在你要求他给出答案或做出判断时，这种人可能是在故意装懂，或者故意闪烁其词，使你有一种"莫测高深"的感觉。其实这只是对方伪装自己的手段罢了。

5. 第五类：草率决断的人

这种类型的人，乍看好像反应很快，他常常在交涉进行到最高潮时忽然做出决断，给人"迅雷不及掩耳"的感觉。由于这种人多半性子太急，因此有的时候为了表现自己的"果断"，他的决定会显得随便而草率。

这类人的特征是：没有耐心听完别人的话，往往"断章取义"、自以为是地妄下决断。如此虽使交涉进行得较快，但草率做出的决定多半会留下后遗症，招致意料不到的枝节发生。

倘若你遇到这种人，最好把谈话分成若干段，说完一段（一部分）之后，马上征求对方的同意，没问题了再继续进行下去，如此才不会发生错误，也可避免因自己话题设计不周到而引出不必要的麻烦。

6. 第六类：过分糊涂的人

这种人一开头就没弄懂你的意思，你就是和他长时间交涉下去，结果他也会错误百出。

过分糊涂、经常犯错的人不外乎两种：一种是自己从来不知反省，另一种则是理解能力差，完全没听懂别人的谈话。对于这种人，你还是少接触为妙。

7. 第七类：顽固不通的人

固执的人是最难应付的，无论你说什么他都听不进去，他只知道坚持自己的观点，死硬到底。跟这种顽固分子交手，是最累人且又浪费时间的，结果往往徒劳无功。因此，在你和他交涉的时候，千万要记住适可而止，否则，谈得越多越久，你心里越不痛快。对付这种人，你不妨及时抱定"早散""早脱身"的想法，随便敷衍他几句，不必耗时费力，自讨没趣。

8. 第八类：自私自利的人

这世上自私自利的人为数不少，无论你走到哪儿，总会遇到几个。这种人心目中只有自己，凡事都将自己的利益摆在前头，于己无利的事他是绝不会做的。

当我们不得不与其接触、交涉时，只有暂时按捺住自己的厌恶之情，姑且顺水推舟、投其所好，但又不失原则。当他发现自己所强调的利益被肯定了，自然就会表示满意。如此，交涉才会获得成功。

9. 第九类：毫无表情的人

人的心态和感情常常会通过脸部的表情显现出来，所以在交涉的时候，表情往往可以作为判断情况的依据。

然而，有些人却是毫无表情可言的，也就是说，他的喜怒是不形于色的，这种人不是深沉就是呆板的。当你和这种人进行交涉时，最好的方法就是特别注意他的眼睛和下巴。

常人说："眼睛是会说话的。"诚然，眼睛是灵魂之窗，你可以从对方的表情中，看出他对你的印象究竟如何。有时候，你会过分紧张得连表情都不自在，此时，你不妨看看对方的反应：是毫不在意、无动于衷，还是已经察觉、面露质疑？留意他的眼神，你一定可以得到答案。

第四章

风趣办事，不伤人的说话艺术

笑是两个人之间最短的距离。一个具有幽默感的人，能时时发掘事情有趣的一面，并欣赏生活中轻松的一面，建立起自己独特的风格，树立乐观的生活态度。

人人都喜欢笑容

所谓"人人都喜欢笑容",包含了两层意思:第一层意思是喜欢看到别人脸上的笑容,那笑容是友好的象征,谁不希望别人对自己友好?第二层意思是希望自己脸上多些笑容,谁不喜欢开开心心?

美国一家著名时装公司的企业家史度菲说:"世界上最美妙的声音就是笑声,它比任何音乐或娓娓悄语都美妙。谁能使他的朋友、同事、顾客、亲人们发出笑声,那么,他就是在弹奏无与伦比的音乐。"

在一列快速行进的地铁车厢里,某人客气地弯腰对身旁的一位年轻时髦的女士说:"车厢真黑,请允许我为您找扶手吊带吧!"

"不客气!"那位女士冷冰冰地说:"我已经有扶手吊带了。"

"那么,请您放开我的领带吧!"这个人气喘吁吁地说。

关于上班族上下班时挤车的笑话着实不少。特别是早上上班的高峰期，车里的人希望车外的人不要再进来，好快点开车；车外的人却拼了老命也要挤进去，以免上班迟到。挤呀挤的，车门前面是一片人海，公交车经常因无法关门只得等候。如果恰逢炎热的夏天，车里车外的人心里难免更加烦躁。因此，我们经常可以见到拥挤的公交车出现乘客之间的纠纷。有这么一位瘦瘦的老兄，在早班车上被挤得实在无奈了，可是早上急着上班的人还是拼命地往沙丁鱼罐头似的车厢里挤。汽车迟迟不能开动，车里的人开始对车门口阻碍关车门的人有意见了，而车门口的人也自然有他们自己的理由。眼看双方的言辞开始有了火药味，这位瘦瘦的老兄忍不住大叫："别挤啦，再挤我就成相片啦！"就这一句话，引起了大家的爽朗一笑。伴随着笑声，车里的人的气消了不少，车门口坚持要挤进来的人也下了车等下一趟。

一张笑脸是如此可爱，能使人联想到盛开的鲜花与火红的朝阳，它可以带给人们温馨和美的感受。笑可以使男人变得亲切，使女人更加妩媚。笑的魅力诱人，在日常生活中不可或缺，就如同世界不能没有阳光一样。

幽默似乎注定与笑声不可分离。在生活中，我们经常会笑，幽默就是一种逗我们快乐的方法。笑是人的一种本能，但人却不会时时刻刻都能笑、想笑、要笑，笑是在一定条件的作用下才会发生的。幽默会引人发笑，所以，有人把幽默当成"善意的微笑"，以笑"为审美特征"，还有人把幽默奉为"引发笑声的艺术"，故而特别受到人们的注意。

人们的笑，可按照笑时的表情分为很多种。幽默可以使人发出轻松的微笑、快乐的大笑，也可以引起人们的冷笑、嘲笑或似发疯的狂笑，等等。但笑并不是幽默的唯一目的，而在于人们笑过之后的融洽气氛，也就是说幽默的价值在笑的背后。

幽默是一种有趣或可笑而意味深长的社交方式。幽默大师说："幽默是一种常常使人开怀畅笑，而自己也乐在其中、享受轻松的快感。"在生活中，幽默也是一种洒脱、积极、豁达、机智、诙谐的人生态度。

在现代社会生活中，各种以娱乐活动为目的的集体或是出于兴趣、爱好而组成的团体，成了现代社会中人们相聚时彼此沟通、互相满足的小社会。在这些社团中，不论是普通成员还是核心人物，都能从幽默中获得力量，也能以自己的幽默感赢得大家的欢迎。

总之，幽默是社交成功的法宝。运用幽默的力量，我们就能通过成功的社交，走上成功的道路。

幽默的人朋友多

俗话说：在家靠父母，出门靠朋友。能够多交一些朋友，常与朋友交谈、聊天，就会心胸开阔，信息灵通，心情愉快；也能取人之长，补己之短。遇到烦恼的事情，朋友可以安慰你；遇到难题，朋友可以帮你出主意；有什么苦衷，也可以向朋友倾诉一番；遇到什么喜事和值得高兴的事，可以和朋友分享快乐。

交友难，其实难就难在交友的方法上，幽默交友不失为一种有效的方法。陌生的朋友见面，如果幽默一点，气氛将变得活跃，交流会更顺畅，这将为今后更紧密的关系打下良好的基础。

著名国画大师张大千与著名京剧艺术大师梅兰芳神交已久，相互敬慕。在一次张大千举行的送行宴会上，张大千向梅兰芳敬酒，说："梅先生，您是君子，我是小人，我先敬您一杯！"

众人先是一愣，梅兰芳也不解其意，忙问："此语做何解释？"

张大千朗声答道："您是君子——动口，我是小人——动手！"

张大千机智幽默，一语双关，引来满堂喝彩，梅兰芳更是乐不可支，把酒一饮而尽。

大多数人都有广交朋友的心，苦的是没有行之有效的方法。如果我们能像张大千一样，注意感受生活，勤于思考，有一天我们也会变得和他一样幽默风趣，到那时候，对我们来说，世界就不再是陌生的了，因为陌生人也会乐意成为我们的朋友。

新朋友之间可以幽默，老朋友之间更不必拘泥古板，只要"幽"得开心、"默"得可乐就可以了。

法国作家小仲马有个朋友的剧本上演了，朋友邀小仲马同去观看。小仲马坐在最前面，总是回头数："一个，两个，三个……"

"你在干什么？"朋友问。

"我在替你数打瞌睡的人。"小仲马风趣地说。

后来，小仲马的《茶花女》公演了。他便邀朋友来看自己剧本的演出。这次，那个朋友也回过头来找打瞌睡的人，好不容易终于也找到一个，说："今晚也有人打瞌睡呀！"

小仲马看了看打瞌睡的人,说:"你不认识这个人吗?他是上一次看你的戏睡着的,至今还没醒呢!"

小仲马与朋友之间的幽默是建立在一种真挚的友谊的基础之上的,丢掉虚假的客套更能增进朋友之间的友谊。可见,交朋友要以诚为本。朋友之间要以诚相待,互相关心,互相尊重,互相帮助,互相理解。爱人者人恒爱之,敬人者人恒敬之。关心别人,才会得到别人的关心;尊重别人,才会得到别人的尊重;帮助别人,才会得到别人的帮助;理解别人,才能得到别人的理解。

掌握了幽默的交友技巧,我们的朋友就会遍布天下,陌生人会变成新朋友,更多的新朋友将变成老朋友。面对老朋友,我们将没有隔阂,无话不谈:过去的趣事、将来的打算、工作中的得意、家庭里的烦恼都可以和朋友分享。

幽默是一种影响力

影响力,通俗地解释就是影响他人的能力。用督战队强迫战士上前线,督战队是一种影响力;用崇高的使命吸引战士上战场,使命是一种影响力。这两种影响力一种来自外部,一种发自于内心,谁强谁弱,一目了然。

构成一个人的影响力的因素很多,其中幽默是一个不可忽视的因素。据说在二战前,美国国会议员因为军方提出的B12轰炸机研制计划而争论不休,支持该项计划的罗斯福总统为了说服议员费了很多口舌,还是没有多少效果。眼看这项议案就要流产了,情急之中的罗斯福不再用严密理性的说辞来做工作,他说:"说实在的,对于B12轰炸机我们都不是特别了解,但我想,B12是人体不可缺少的维生素;既然现在军方需要B12轰炸机,我想对于他们来说一定是不可缺少的。"结果,这项议案居然通过,而B12轰炸机在后来的二战中可谓战功赫赫。一般来说,在国会议案的讨论中,大家都是一些讲究理性、逻辑的人，坐在一起摆事实、讲道理，一切靠事实与道理说话。但罗斯福却反其道而行，用幽默轻松的语言转变了一些人的态度。也许将部分议员改变立场单纯归功于罗斯福的幽默的类比是不严肃的，但罗斯福的幽默在一定程度上缓解了当事双方阵营的火药味，对立的缓和有助于平和理性地去理解对方的意见和观点，而不至于跌入情绪化的、为反对而反对的泥坑。

在现代人的生活中，一般人的生活形式是固定不变或在一段时期内固定不变的。所以，无论你是已经有一定影响的人，或者是想成为有一定影响的人，你都不能忽视幽默作为影响力的作用。如对于工厂的工人来说，上班，进车间，下班，回家——周而复始；除非他坐进办公室或换一个工种，才会引起变化。但变化之后，随之而来的又是不变。这就是现代人普遍认为生活沉闷的外在原因。在这种总的生活形态背景下，人们不得不寻求变，以摆脱沉闷感，如满足食欲、情感需要、进行社交、寻找娱乐等。除此之外，对生活形态进行改造的另一个好方法是培养和发挥幽默感。幽默感会制造不变中的变，使人把枯燥的工作看得有趣、轻松起来，从而不再感到沉闷。可以想见，充满欢笑的劳作不是折磨，而是一种愉快的运动。

一个具有幽默感的人，他的幽默语言和行为会一传十、十传百，影响力成倍地扩展。如果幽默的语言行为中有他的思想、观点，那么，就会有很多人来传播他的思想、观点，所要传达的信息也随即被他人了解。无论他人是反对还是支持，至少他已了解了你的想法，于是你的影响便由此而产生。

幽默能活跃社交气氛

都市紧张的生活节奏，使"相亲"这一曾受时尚青年唾弃的古老恋爱方式重焕生机。这不，一对大龄青年相约在一家咖啡厅里相亲。

在等待咖啡端上来的时间，双方之间出现了短暂的沉默。这时，男的问："你搅拌咖啡的时候用右手还是左手？"

女的答："右手。"

男的说："哦，你好厉害哦，不怕烫，像我都用汤匙的。"

一句玩笑，场面顿时活跃起来了。他们两个因初次见面而拘谨的人，开始畅谈起来……

当气氛陷入凝滞时，生涩的沟通链条上适用的最佳润滑剂叫"幽默"。幽默是活跃谈话气氛的法宝，它能博得众人的欢笑。人们在捧腹大笑之际，超脱了习惯、规则的界限，享受不受束缚的"自由"和解除规律的"轻松"，接下来的沟通自然会轻松愉快。

很多时候，那些相敬如宾的夫妻未必就没有矛盾，而平日吵吵闹闹的恋人可能会更亲热。社交也是如此，若彼此谈得开心，开句玩笑，互相攻击几句，打一拳、拍两下，反倒显得亲密无间、无拘无束。

和朋友久别重逢后不免寒暄一番，你完全可以借此幽默一把。例如见到一个戴了帽子的朋友，你可以用羡慕的口气对他说："老兄你真的是帽子向前，不比往年啊。"轻松幽默的高帽子立马使气氛变得异常活跃，友情会加深一层。

社交需要庄重，但长时间保持庄重气氛就会使人精神紧张。寓庄于谐的交谈方式比较自由，也比较轻松，在许多场合都可以使用。用幽默、诙谐的语言，同样可以表达较重要的内容。

在陌生的场合登台，或在人多的场合演讲，也是考验一个人口才的时候。启功先生是个幽默风趣的人，平时爱开玩笑，他当老师时，给新生们说的第一句话常常是："本人是满族，过去叫胡人，因此在下所讲，全是胡言。"引起笑声一片。他的老本家，著名作家、翻译家胡愈之先生，也偶尔到大学客串讲课，开场就说："我姓胡，虽然写过一些书，但都是胡写；出版过不少书，那是胡出；至于翻译的外国书，更是胡翻。"几句"胡话"，就将课堂气氛搞活、师生关系拉近。

美国人柯林斯是第一批登陆月球的航天员之一。有一次，他参加一个私人餐会。酒足饭饱之际，大伙起哄要求作为名人的他进行即兴演说。柯林斯推却不过，只得站起身来，高举双手让大家安静下来，随即便开口问道："我想提出一个老问题，究竟谁比较话多？是女人，还是男人？"

由于美国人有携伴参加晚宴的礼节习惯，餐会中的宾客们在柯林斯的问题提出来之后，立刻分成两派，两边的人数居然不相上下。认为男人话多的，清一色都是女人；而认为女人话多的全数都是男人。

柯林斯满意地看了看两边的男男女女，继续他的话题："根据社会行为学专家的研究证实，女人平均一天说大约28000个字；而男人一天当中，则说33000个字。所以，按照科学的观点来看，应该是男人比较长舌。"宴会中马上传出一片嘈杂的嗡嗡声，女人们得意地向她们的男伴示威，而男性则对柯林斯发出不平之鸣。

柯林斯挥了挥手，等众人平静下来之后，他继续道："这当中的问题是，每天当我在外面工作时，将配额内的33000字基本用完了。下班回到家里时，我太太的那28000个字，却才刚要开始。"众人随着柯林斯的话沉寂了不到半秒钟，马上爆出一阵热烈的掌声及喝彩。看来，似乎每个人都对这样的结果满意到了极点。

此外，在交谈中，不时穿插一些意想不到的、貌似荒谬而实则有意义的问题，是很好的一种活跃气氛的形式。一群闺中密友聚会，叽叽喳喳，谈到了找对象的问题。刘妹妹问吴妹妹："你愿意嫁给一个有钱但丑的富公子，还是嫁给一个很帅却没钱的英俊哥？"这类问题其实没多大的意义，但女人们似乎都喜欢探讨。吴妹妹的回答很风趣："我白天在富公子家生活，晚上到英俊哥家住宿。"那些一本正经的人会给人古板、单调、乏味的感觉，也会把交谈变得索然无味。也许会有人时常问你一些荒谬的问题，如果你直斥对方荒谬，或不屑一顾，不仅会破坏交谈气氛、人际关系，而且会被认为缺乏幽默感。

开玩笑的五个原则

年轻人三五成群聚在一起,大家不免开开玩笑,互相取乐。说话不受拘束,原是人生一大快事,不过凡事有利也有弊,乐极更易生悲,因开玩笑而使大家不欢而散的事情也常会发生。

对于开玩笑的学问,有以下五个原则必须遵守。

1. 内容要高雅

笑料的内容取决于开玩笑者的思想情趣与文化修养。内容健康、格调高雅的笑料,不仅给对方启迪和精神的享受,也是对自己美好形象的有力塑造。钢琴家波奇一次演奏时,发现全场有一半座位空着,他对听众说:"朋友们,我发现这个城市的人们都很有钱,我看到你们每个人都买了两三个座位的票。"于是这半场的听众放声大笑。波奇无伤大雅的玩笑话使他化解了尴尬。

2. 态度要友善

与人为善，是开玩笑的一个原则。开玩笑的过程，是感情互相交流传递的过程，如果借着开玩笑对别人冷嘲热讽，发泄内心厌恶、不满的感情，那么除非是傻瓜才识不破。也许有些人不如你口齿伶俐，表面上你占到上风，但别人会认为你不能尊重他人，从而不愿与你交往。

3. 行为要适度

开玩笑除了可借助语言外，有时也可以通过行为动作来逗别人发笑。有对小夫妇感情很好，整天都有开不完的玩笑。一天，丈夫摆弄鸟枪，对准妻子说："不许动，一动我就打死你！"说着扣动了扳机。结果，妻子被意外地打成重伤。可见，开玩笑千万不能过度。

4. 对象要区别

同样一个玩笑，能对甲开，不一定能对乙开。人的身份、性格、心情不同，对玩笑的承受能力也不同。

一般说来，后辈不宜同前辈开玩笑，下级不宜同上级开玩笑，男性不宜同女性开玩笑。在同辈人之间开玩笑，则要掌握对方的性格特征与情绪信息。

若对方性格外向，能宽容忍耐，玩笑稍微过度也能得到谅解；若对方性格内向，喜欢琢磨言外之意，开玩笑就应慎重。对方尽管平时生性开朗，但如恰好碰上不愉快或伤心事，就不能随便与之开玩笑。相反，对方性格内向，但正好喜事临门，此时与他开个玩笑，效果会出乎意料地好。

5. 场合要分清

美国总统里根一次在国会开会前，为了试试麦克风是否好使，张口便说："先生们请注意，五分钟之后，我将对苏联进行轰炸。"一语既出，世界哗然。里根在错误的场合、时间里，开了一个极为荒唐的玩笑。为此，苏联政府提出了强烈抗议。可见，在庄重严肃的场合不宜开玩笑。

总之，开玩笑要有分寸，不能过分，尤其要分清场合和对象。另外，关于开玩笑的忌讳，还有以下四项。

（1）和长辈、晚辈开玩笑忌轻佻放肆，特别忌谈男女风流韵事。几辈同堂时的玩笑要高雅、机智、幽默、解颐助兴，乐在其中。在这种场合，忌谈男女风流韵事。当同辈人开这方面玩笑时，自己以长辈或晚辈身份在场时，最好不要多嘴，只若无其事地旁听就是。

（2）和非血缘关系的异性单独相处时忌开玩笑（夫妻自然除外）。哪怕是开正经的玩笑，也往往会引起对方反感，或者会引起旁人的猜测非议。要注意保持适当的距离,当然,也不能过于拘谨。

(3)和残疾人开玩笑要注意避讳。人人都怕别人用自己的短处开玩笑,残疾人尤其如此。

(4)朋友在陪客时,忌和朋友开玩笑。人家已有共同的话题,已经形成和谐融洽的气氛,如果你突然介入与之开玩笑,转移人家的注意力,打断人家的话题,破坏谈话的雅兴,朋友会认为你扫了他的面子。

用幽默表达自己的不满

如果你在餐厅点了一杯啤酒，却赫然发现啤酒中有一只苍蝇，你会怎么办？在你回答之前，让我们看看别人是怎么办的。英国人会以绅士的态度吩咐侍者："请换一杯啤酒，谢谢！"西班牙人不去喝它，留下钞票后不声不响地离开餐厅。日本人令侍者去叫餐厅经理来训斥一番："你们就是这样做生意的吗？"沙特阿拉伯人则会把侍者叫来，把啤酒递给他，然后说："我请你喝杯啤酒。"德国人会拍下照片，并将苍蝇委托权威机构做细菌化验，以决定是否将餐馆主人告上法庭。美国人则会向侍者说："以后请将啤酒和苍蝇分别放置，由喜欢苍蝇的客人自行将苍蝇放进啤酒里，你觉得怎么样？"美国人的这种处理方式既幽默，又能达到让人接受的目的。

一位顾客在某餐馆就餐。他发现服务员送来的一盘鸡居然缺了两只大腿。他马上问道："上帝！这只鸡连腿也没有，怎么会跑到这儿来呢?"

一个车技不高的小伙子,骑单车时见前边有个过马路的人,连声喊道:"别动!别动!"

那人站住了,但还是被骑车的小伙子撞倒了。

小伙子扶起不幸的人,连连道歉。那人却幽默地说:"原来你刚才叫我别动是为了瞄准呀!"

幽默并不是回避、无视生活中出现的矛盾,而是以幽默的方式进行一种温和的批评。设身处地地想想,在餐厅点的啤酒里有苍蝇,要的鸡全是骨头,走路无辜被骑车人撞倒,你还有心思开玩笑吗?

这修养,不知要多少年的火候才能修炼出来。由于有了幽默、洒脱的态度,生活中许多尖锐的矛盾,并不需要大动干戈就能得到解决。

男女朝夕相处,天天锅碗瓢盆,始终举案齐眉、相敬如宾反而是一种不正常的现象,有人戏称之为"冷暴力"。小吵小闹有时反会拉近夫妻间的距离,同时也能使内心的不满得以宣泄,如果再佐之以幽默、机智的调侃,无疑会使夫妻双方得到一次心灵的净化,保证了家庭生活的正常运行。请看下面这几对夫妻的幽默故事。

驾车外出途中,一对夫妻吵了一架,谁都不愿意先开口说话。最后丈夫望着不说话的妻子,指着远处一头驴子说:

"你不说话,难道和它是亲戚关系吗?"妻子答道:"是的,夫妻关系。"

丈夫本来想把不会说话的驴子和不愿说话的妻子拉扯到一起,既调侃了妻子,又打破沉默的气氛。但想不到妻子更加厉害,一句妙语把丈夫的话挡了回去,玩了一个更大的幽默。这样聪明幽默的夫妻,即使吵架也不会吵得打起架来。

妻子临睡前的絮絮叨叨总是令老王十分不快。一天夜里,妻子又絮叨了一阵后,说:"家里的门窗都关上了吗?"老王回答:"老婆子,除了你的话匣子外,该关的都关了。"

以上两则故事中的夫妻幽默均恰到好处地表达了自己怨而不怒的情绪。有丈夫对妻子缺点的讽刺,但其幽默的答辩均不致使对方恼羞成怒。如妻子用夫妻关系回敬丈夫也是一头驴,丈夫用巧言指责妻子絮叨,这些幽默的话语听上去自然天成,又诙谐有趣。这些矛盾同样有可能发生在我们每一个家庭之中,有时却往往因为两三句气话而使矛盾激化。

有风度地回击敌意

做人要力避树敌,但一个有才能的人是避免不了有或多或少的反对者。正所谓"木秀于林,风必摧之"。如何面对反对者充满敌意的进攻?

有一次,温斯顿·丘吉尔的政治对手阿斯特夫人对他说:"温斯顿,如果你是我丈夫,我会把毒药放进你的咖啡里。"

丘吉尔哈哈一笑之后,严肃而又认真地盯着对方的眼睛说:"夫人,如果我是你的丈夫,我就会毫不犹豫地把那杯咖啡喝下去。"

阿斯特夫人的进攻是如此咄咄逼人,丘吉尔若不回击未免显出自己的软弱,而回击不慎却可能导致一场毫无水准的"泼妇骂街"。丘吉尔毕竟是丘吉尔,一记顺水推舟的幽默重拳,打得飞扬跋扈的阿斯特夫人满地找牙却无从回手!

民主党候选人约翰·亚当斯在竞选美国总统时,遭到共和党污蔑,说他曾派其竞选伙伴平克尼将军到英国去挑选四个美女做情妇,两个给平克尼,两个留给自己。约翰·亚当斯听后哈哈大笑,马上回击:"假如这是真的,那平克尼将军肯定是瞒着我,全都独吞了!"

约翰·亚当斯最后当选,成为美国历史上的第二任总统。亚当斯的胜利当然不应全归功于幽默,但却不能否认幽默魅力的功用。

几乎人人都有遭受冷箭伤害、谣言中伤的经历。放冷箭、造谣言的成本极低,杀伤力却极大。加上"好事不出门,坏事传千里"的传播学原理,一旦处理不当,便会对被诋毁者造成极大的不利局面。试想一下,如果亚当斯听到攻击之后气急败坏、暴跳如雷、脸红脖粗,或辱骂共和党的卑鄙中伤,或对天发誓:"若有此等丑闻,天打雷劈!"这样不仅有失一个总统候选人的风度与理智,也有可能陷入无聊无趣又无休止的辩论泥潭之中——何况真理是越辩越明还是越描越"黑",都有待商榷。

在冷箭的包围中、谣言的旋涡里,如何从容脱身,实在是一门大学问。置身于此类局面下的人,不妨运用幽默的武器,以四两拨千斤的姿态,或许可以潇洒地把对方打个四脚朝天。

有一次,诗人马雅可夫斯基在大会上演讲,他的演讲尖锐、幽默、锋芒毕露,妙趣横生。忽然有人喊道:"您讲的笑话我不懂！""您莫非是长颈鹿！"马雅可夫斯基感叹道，"只有长颈鹿才可能星期一浸湿的脚，到星期六才能感觉到呢！"

"我应当提醒你，马雅可夫斯基同志，"一个矮肥子挤到主席台上嚷道，"拿破仑有一句名言：'从伟大到可笑，只有一步之差！'""不错，从伟大到可笑，只有一步之差。"马雅可夫斯基边说边用手指着自己和那个人。

马雅可夫斯基接着开始回答台下递上来的条子上的问题：

"马雅可夫斯基，您今天晚上得了多少钱？""这与您有何相干？您反正是分文不掏的，我还不打算与任何人分哪！"

"您的诗太骇人听闻了，这些诗是短命的，明天就会完蛋，您本人也会被忘却，您不会成为不朽的人。""请您过一千年再来，到那时我们再谈吧！"

"您说应当把沾满'尘土'的传统和习惯从自己身上洗掉，那么您既然需要洗脸，这就是说，您也是肮脏的了。""那么您不洗脸，您就自以为是干净的吗？"

"马雅可夫斯基，您为什么手上戴戒指？这很不合适。""照您说，我不应该戴在手上，而应该戴在鼻子上喽！"

"马雅可夫斯基，您的诗不能使人沸腾，不能使人燃烧，不能感染人。""我的诗不是大海，不是火炉，不是鼠疫。"

马雅可夫斯基在别人的攻击与诋毁之下，丝毫不乱阵脚，举起幽默的宝剑将那些来自四面八方的冷箭干净利落地斩断。

这就是幽默的力量。它能让一个人面对谩骂、诋毁与侮辱时,毫发不损地保全自己。

我们什么时候看到过富有幽默感的人在交流或论辩中被动过?即使是身处完全不讲理的险恶境地,他们也能以自己高超的幽默技巧腾挪闪打、游刃有余。

最后,要提醒大家注意的是:幽默的用心是爱,而不是恨。林语堂先生说过:幽默之同情,这是幽默与嘲讽之所以不同,而尤其是我热心提倡幽默而不很热心提倡嘲讽之缘故。幽默绝不是板起面孔来专门挑剔人家,专门说俏皮、奚落、挖苦、刻薄人家的话。

摆脱尴尬并不难

小李走在街上,看见前面有个人很像他的朋友,上前重重拍了一下他的肩膀,才发现自己认错了。

"对不起,我以为你是我的朋友老王。"小李不好意思地说。

"即使我是老王,你也不该拍得那么重呀!"那人摸着生痛的肩膀咕哝道。

"这话就不对了,我拍老王一下,轻重跟你有什么相干呢!"小李见对方有些生气,忍不住幽默了一下。果然,对方哈哈大笑,然后各自走路。

小李因为误会错拍了对方,连忙道歉,这本身并无幽默之处,幽默之处就在于他巧借了对方的一声埋怨。实际上,小李事先承认自己拍错人了,但听到对方的抱怨之后便转口否认了这点,所以他最终反而声称自己拍的是老王,而不是别人。面对这样一个幽默的人,对方还能发作得起来吗?

尴尬在笑声中冰释,皆大欢喜的结局对谁都没有坏处。带着微笑看人生,人生的苦恼不是会减少许多吗?

张经理中年谢顶,在一次重要酒会上,他所宴请的客户方的一个小伙子在敬酒时不小心洒了一点啤酒在张经理头上,张经理望着惊慌的小伙子说:"小老弟,用啤酒治疗谢顶的方子我实验过很多次了,没有书上说的那么有效,不过我还是要谢谢你的提醒。"

全场顿时爆发出了笑声。人们紧绷的心弦松弛下来,张经理也因他的大度和幽默而颇得客户方的赞许。张经理用他的幽默,巧妙地消除了宴会中的杂音,完成了既定的目标。

马克·吐温心不在焉的毛病是很出名的。一天,马克·吐温外出乘车。当列车员检查车票时,马克·吐温翻遍了每个衣袋都没有找到车票。

这个列车员认识他,就对马克·吐温说:"没有什么大关系,如果实在找不到,就补一张吧。"

"补一张?说得轻巧!如果我找不到那张该死的车票,我怎么知道我要到哪儿去呢!"

马克·吐温的一席话,既活跃了气氛,又为自己找不到车票做了一个巧妙而又合理的解释:是健忘而非故意逃票。

有一位著名的歌手参加一个大型的露天晚会。她在走上舞台时，不慎踢到台阶，突然摔倒。面对这种情况，如果什么也不说就起来，就会给全场观众留下不好的印象，但她急中生智，说道："看来走上这个舞台不是一般人都能来的，门槛真高呀！"大家都笑了，她更是保持了自己的风度，巧妙地借幽默摆脱了尴尬。

谁没有过尴尬的时候呢？面对尴尬，你会怎么办呢？这时你一定要镇定机智，千万不能阵脚大乱，要利用自己的聪明才智说上几句幽默的话，帮你走出困境，抛开窘相，树立自信。

首先要镇定，千万不要为窘境而惊慌失措。在这样的窘境中，主要是面子上过不去，自尊受到别人的伤害。所以首先要勇敢面对，镇定自若，寻找反击或解决的方法，打破自己所处的窘境。其二要对对方的话语或情景做分析，迅速地找到处于窘境的原因，然后做出想象的、荒谬的解释，巧妙消除对方的攻击，或对窘迫处境做超乎逻辑的解释，并使众人和你一起分享轻松和快乐。

人不自嘲非君子

如果说幽默是人头顶上的王冠，那么自嘲就是王冠上镶嵌的明珠。

自嘲也叫自我解嘲，顾名思义就是自己嘲讽自己，自己调侃自己，是主动用针扎破自身气鼓鼓的情绪气球。我们每个人都难免遇到一些难堪的、痛苦的事，如果不知道怎样调节情绪，沉着应对，就容易陷入窘迫的境地，让情绪失控，进而方寸大乱。这时，如果进行恰当的自嘲，不但能让自己在心理上得到安慰，同时还能让别人对你有一个新的认识。

美国一个身材肥胖的女士曾经这样自我解嘲："有一次，我穿上白色的泳装在大海里游泳，结果引来了俄罗斯的轰炸机，以为发现了美国的军舰。"引得听众哈哈大笑。这种自揭其短、自废武功的话语，使得大家根本就不会认为她的胖是丑，都将注意力集中在她的风趣上。结果，肥胖不再是她的劣势，反而成为她的特点，使她在社交中游刃有余。

年轻人处世要大气。所谓大气，就是豁达，就是舍得。不斤斤计较，不过分认真，多想自己的缺点和无能之处，舍得拿自己开涮。

二战期间，美、英、苏三国首脑在德黑兰会谈，气氛非常紧张。丘吉尔是个不拘小节的人。一次开会时，赫鲁晓夫注意到英国外交大臣艾登悄悄递给丘吉尔一张字条，丘吉尔匆匆一瞥，神秘地说："老鹰不会飞出窝的！"并当即将字条放在烟斗上烧了。多年后，赫鲁晓夫访问英国时，好奇地问起了艾登当时究竟写了什么，艾登哈哈大笑，"我当时写的字条说：你的裤裆纽扣没扣上。"

在日常生活中，难免会有失礼或难堪的时候，如不知怎样调节情绪，沉着应付，就会陷入窘迫的境地。这时，如采取适当的"自嘲"方法，不但能使自己在心理上得到安慰，而且还能使别人对你有一个新的认识。

鲁迅先生生前饱受迫害，他在《自嘲》诗中写道："运交华盖欲何求，未敢翻身已碰头。"这既是对自己遭遇的诙谐写真，也是投给反动派的标枪。著名漫画家韩羽是秃顶，他写了这样一首《自嘲》诗："眉眼一无可取，嘴巴稀松平常，唯有脑门胆大，敢与日月争光。"读之令人忍俊不禁，使我们想到韩羽先生乐观、大度的处世态度。有个演员太胖，面对这种"自然灾害"，她不是挖空心思地去减肥，而是顺其自然，把精力用在事业上，甚至给自己取艺名为"肥肥"，结果她以自己的才华赢得了观众的认可。

自嘲，貌似糊涂，实则是人生深厚精神底蕴的外在折射。它产生于对人生哲理高度的深刻体察，是既看到自己的不足，又看到自己长处后的一种自信。自嘲，是最为深刻的自我反省，而且是自我反省后精神的超越，显示着灵魂的自由与潇洒。自嘲，标志着一定的精神境界。自嘲，也是缓解心理紧张的良药，它是站在人生之外看人生。自嘲又是一种深刻的平等意识，其基础是，自己也如他人一样，有可以嘲笑的地方。自嘲，还是保持心理平衡的良方，当处于孤立无援或无人能助的境地时，自嘲可以帮自己从精神枷锁中解救出来。

能自嘲的人，起码心胸不会狭窄，提得起，放得下，以一种平常恬静的心态去珍藏与品味生活中的酸甜苦辣，去参透与超越人世间的利禄功名，从而收获潇洒充实的人生。

在幽默的领域里，笑自己是一条不成文的法则，你幽默的目标必须时刻对准你自己。这时，你可以笑自己的观念、遭遇、缺点乃至失误，也可以笑自己狼狈的处境。每一个迈进政界的人都得有随时挨"打"的心理准备，如果缺乏笑自己的能力，那么他最好还是去干其他的事情。

生活中总是有些令人不满意却又一时无法改变的事。改变不了外界，那就改变自己的心境吧。据说林肯的老婆脾气很暴躁，喜欢破口骂人。有一天，一个十二三岁送报的小孩，因为不认识路，导致送报太迟了，遭到林肯太太的百般辱骂。小孩去向报馆老板哭诉，说她不该骂人过甚，以后自己再不去那家送报了。这是一个小城，于是老板向林肯提起这件小事。

林肯说："算了吧！我都忍受她十多年了，这小孩才偶然挨一次骂，算什么？"这是林肯的自我解嘲。

自嘲不伤害任何人，因而最为安全。你可用它来活跃气氛，消除紧张；在尴尬中自找台阶，保住面子；在公共场合表现得更有人情味。总之，在社交场合中，自嘲是不可多得的灵丹妙药，别的招不灵时，不妨拿自己来开涮，至少自己骂自己是安全的，除非你指桑骂槐，否则一般都不会讨人嫌。智者的金科玉律便是：不论你想笑别人怎样，先笑你自己。

人的一生，很难一帆风顺，事事顺意。面对各种缺陷和不快，自卑和唉声叹气于事无补，一味遮掩辩解又会适得其反，最佳的选择恐怕就是幽默的自嘲了。

不善幽默怎么办

幽默有时让人感到神秘。有人想学,却无法学会;有人没怎么学,却脱口而出。于是,有些不够幽默的人便认为:我不幽默,是因为我没有幽默细胞。

幽默细胞是什么呢?毫无疑问,用高倍显微镜来进行物理观察,我们是无法看到一种叫"幽默"的细胞的。这也许能成为幽默非天生的一个论据。下面让我们从人文的视角来分析幽默的构成。

只要我们留心那些幽默感十足的人,就会发现他们的心理素质一般都优于常人,而良好的心理素质也不是天生的,需要后天的锻炼和培养。以幽默口才素质和需要来说,心理素质首先需要自信。一个常常为自己的职业、容貌、服饰、年龄等因素而惴惴不安、自惭形秽的人,如何在适当的场合进行优雅的表演?

安徒生很俭朴,经常戴个老式的帽子在街上行走。有个过路人嘲笑他:"你脑袋上边的那个玩意儿是什么?能算是帽子吗?"安徒生干净利落地回敬:"你帽子下边的那个玩意儿是什么?能算是脑袋吗?"没有高度的自信,恐怕安徒生早就在他人的取笑中发窘,或者勃然大怒,哪能灵光一现,做出一个绝妙的反击?

其次,冷静也是幽默高手的一项心理特质。冷静,是使人们的智慧保持高效和再生的条件。因为只有在头脑冷静的情况下,人们才能迅速认准并抑制引起消极心理的有关因素,同时认准和激发引起积极心理的有关因素。英国首相威尔逊在一次群众大会上演讲时,反对者在下面鼓噪,其中一人高声大骂:"狗屎、垃圾!"面对听众可能产生的误解和骚动,威尔逊首相沉稳地报以宽厚的微笑,非常严肃地举起双手表示赞同,说:"这位先生说得好,我们一会儿就要讨论你特别感兴趣的脏乱问题了。"捣乱分子顿时哑口无言,听众则报以热烈的掌声。

再者,乐观是幽默高手具有的另一个重要素质。俄国著名寓言作家克雷洛夫早年生活穷困,他住的是租来的房子,房东要他在房契上写明,一旦失火,他就要赔偿15000卢布。克雷洛夫看了租约,不动声色地在15000后面加了一个零。房东高兴坏了:"什么,150000卢布?""是啊!反正一样是赔不起。"克雷洛夫大笑。幽默感的内在构成,是悲感和乐感。悲感，是幽默者的现实感，就是对不协调的现实的正视。乐感，是幽默者对现实的超越感，是一种乐天感。没有幽默感的人不会积极地看待这个世界，不会乐观地看待自己的生活。当然乐观不是盲目的，而是有所依附，是一种透彻之后的豁达。乐观地看待你的生活，幽默自然而生。

良好的心理素质是幽默的根基，幽默的主干是广博的知识。幽默的思维经常是联想性与跳跃性很强，如果不具备广博的知识来支持，你的思维跳来跳去也就那么大的一块地方。因此，提高自己的幽默水准，需要不断地拓展知识门类和视野，提高对事物的认知能力。

有了根基与主干后，幽默要开花结果，还需要一些具体的枝枝叶叶。也就是说，究竟哪些话容易产生幽默，给人带来笑声呢？

首先，奇特的话使人开心而笑。幽默的最简单的表现方法就是令人惊奇地发笑。康德所讲的"从紧张的期待突然转化为虚无"，正是基于幽默的结构常常能造成使人出乎意外的奇因异果。例如，爸爸对儿子说："牛顿坐在苹果树下，忽然有一个苹果掉下，落在他的头上，于是，他发现了万有引力定律。牛顿是个科学家！""可是，爸爸，"儿子从书堆中站了起来，"如果牛顿也像我们这样，每天放学了还坐在家里埋头看书，会有苹果掉在他头上吗？"本来爸爸是讲牛顿受苹果落地的启示，但儿子却冷不丁冒出一句不应该埋头读书的结论，真是出乎意外，超出常理。儿子的话在逻辑上是不合常理的，但这样的话新奇怪异，使人大大出乎意料，所以能引来别人的笑声。相信故事中的爸爸在笑过之后，对于自己的教育方式会有所反思。

幽默就是要能想人之未想，才能出奇致笑。有人说："第一个把女人比喻成花的是智者，第二个把女人比喻成花的是傻瓜。"这句话似乎有点偏激，但新奇、异常的确是幽默构成的一个重要因素。

其次，巧妙的话使人会心而笑。运用幽默的核心是应该有使人赞叹不已的巧思妙想，从而产生令人欣赏的欢笑。俗话说："无巧不成书。"巧可以是客观事实上的巧合，但更多的是主观构思上的巧妙。巧是事物之间的某种联系，没有联系就谈不上巧。如果能在别人没有想到的方面发现或建立某种联系，并顺乎一定的情理，就不能不令人赏心悦目。

比如，某学生的英语读音老是不准，老师批评他说："你是怎么搞的，你怎么一点都没进步呢？我在你这个年纪时，已经读得相当准了。"学生回答："老师，我想原因一定是您的老师比我的老师读得好。"

再次，荒诞的话使人会心而笑。幽默的内容往往含有使人忍俊不禁的荒唐言行，从而使人情不自禁地发笑。俗话说：

"理不歪，笑不来。"荒谬的东西是人们认为明显不应该存在的东西，然而它居然展现在我们面前，不能不激起我们心灵的震荡，使我们发笑。张三的女儿周岁那天，有上门祝贺的朋友开玩笑说闺女长大了给他儿子做老婆，两家结成儿女亲家算了。指腹为亲在新时代当然已经只是一种玩笑而已，当不得半点真，张三答应下来无伤大雅，粗暴拒绝则有看不起对方之嫌。但张三居然巧妙地拒绝了，他说："不行不行，我女儿才1岁，你儿子就2岁了，整整大了一倍，将来我女儿20岁，你儿子就40岁了，我干吗要找个老女婿！"

风平浪静的水面，投进一块石头，就会一下子发出响声。常规思维被超常的信息搅扰，也会引起心波荡漾、心潮起伏、心花怒放。奇异、巧妙、荒谬就是这种超常的信息，就是幽默之所以致笑的要因，也是我们学会幽默应把握的要诀。

第五章
彬彬有礼,不强迫的说话艺术

在社交场合或与人交往时,一个人的一举一动、一言一行都会给他人留下深刻的印象。因此,你的姿态、言行举止的表现方式首先应考虑到他人,即是否有礼貌、是否尊重他人。

先学礼而后问世

什么是社交礼节呢？简单说就是人与人相处、相交所遵循的规范。

礼节并非是一成不变的教条，也不是上流社会中特有的规矩，而是任何一个阶层的每个人都应懂得并遵行的生活修养与准则。

说到社交礼节，往往给人高深莫测之感。老一辈人常常告诫年轻人：入社会之前要先把礼节学好，才不会被人笑话！这就是"先学礼而后问世"的说法。旧有的礼节繁杂琐碎，单单要记牢一套交谈的礼仪已经够多了，还有一大堆起坐言行的规矩。这种旧的"社交礼节"往往令现在的年轻人敬而远之。

礼节当随时代的变化而赋予新的形式和内涵。今天社交生活中所运用的新礼节与以往略有不同，其"礼"，是教人尊重与关心他人，合乎人情；其"节"，是教人在言行举止上要恰如其分，合乎事理。通过"礼节"，使大家相处得更加友好，和睦。所以，这些在日常生活中所接触到的问题，并不高深，也不繁缛，而是简单易行的。

学习礼节虽不是一件难事，但要做到处处讲礼节倒也是一件不容易的事。譬如：在街上无意间踩了别人一脚，能说一声"对不起"；在公交车上能让座给老弱妇孺；在与他人谈话时能做到耐心地倾听……这些就是礼节。它难吗？谁都可以做到。它易吗？做到的人却不多。礼节不等于一套公式，并不等于"鞠躬如也"。礼节在一定程度上反映了一个人的道德修养，因此，我们随时随地都要注意自己的言谈举止。有位朋友说得好："要学习礼节，最好是从公共场合待人接物做起。"此话说得真是恰到好处，礼节原是人类社会生活中共守的东西，大家都讲究礼节，人们相处起来就会更融洽、更友爱、更和睦、更团结，就像一个大家庭一样。

有许多人能够在社交场合中讲求礼节，而且显得彬彬有礼，温文尔雅，但是他在公共场所中却显得粗鲁和蛮横，唯恐吃亏。我们在搭乘公共汽车和上火车时都可以见到这种现象，人们一窝蜂地上车而把老弱妇孺挤在一边；在车辆上也蛮横地霸座一方，对老弱视而不见……这种人尽管是社交场合中的君子，社交能手，但由于他只讲个人利害得失，因此，可以说他在社交场中的礼节是虚伪的。礼节不是为表演用的，而是日常生活中，体现人与人之间相处的精神。如果一个人能够做到处处讲礼节，那么，他出现在任何社交场合中时也决不会失态。

应该学些什么礼呢？彬彬有礼的态度又是怎样的呢？没有人生下来就懂礼，家庭、学校、社会，逐渐教导我们成为一个具有风度的人。但是，如果每做一件事都有一套刻板的礼仪在缚手缚脚，岂不很烦琐？

事实并不尽然，因为，有许多礼仪事实上是日常生活中的一部分，习惯成自然，我们早已感觉不到它的约束。另外，关于人情往来、社交活动等较特殊的礼节，只要我们基于尊重、体谅别人的心情，也都是不难做到的。

人是有感情的动物，因此，当受到别人尊重时，自然会感到快乐；当受到别人轻视时，自然就会觉得气恼。不管在任何时代，这种导致人与人相处的关系始终不变，这是人类的共通之处。而促使这种关系相处圆满的最好方法，就是"礼"。它代表尊敬、尊重、亲切、体谅等意义，同时，也是个人修养的体现。

中国人的民族性较西方人含蓄，因此，特别讲究礼节。由于太重视繁文缛节，以至于有些人对"礼"的认识出现偏差，他们以为只有对长辈、上司，或想讨好对方时才讲礼节，对晚辈或自己没有利害关系的人，就可马虎。

甚至还有人认为，礼貌只是社交上的一种手段，并没有其他价值。如果以这些态度来评断礼节，岂不是使人际关系变成"钱货两讫"的交易关系，和做生意又有什么两样？

现代心理学指出"自尊是维持心理平衡的要素"。可见每个人要维持心理的平衡和健康，都要有活得"理直气壮"的感觉，也就是处处受人尊重，才能进一步肯定自己存在的价值。所以，尊重、体谅等"礼"节，绝不是规章条文，也不是虚假问候，而是发自内心最基本也是最真诚的行为。

所以，礼，绝不能也绝不是只讲求形式，要保持彬彬有礼的态度，在现实生活中，一定要从尊重他人、关心他人出发，在社交场合中，自然也就能以平和有礼的态度与人交往和沟通。

礼貌使有礼貌的人喜悦，也使那些被以礼相待的人喜悦。如果能身体力行，适当地做到"多礼"，则必然"人不怪"，而大受欢迎。所以，彬彬有礼不但能成为你最昂贵的"饰物"，同时还能给你带来最佳的人缘。

打招呼是最基本的礼仪

父辈们从小就教育我们要"叫大呼小"。所谓"叫大呼小",就是见到熟人要打招呼。一声"叔叔好",除了可能带来糖果的实惠外,更可以带来人情的温暖。还记得上幼儿园时,老师就教了"见了老师问个好,见了同学问声早"之类的儿歌,对打招呼已经开始进行潜移默化的教育。

遇见熟人主动打招呼,致以问候,是最基本的礼貌要求。不过也不宜见人就聊个不停,影响他人做事。另外,打招呼最常用的就是"你好",而用"吃了吗""干吗去"这类问候语时,一定要注意场合和对方的神情。有个笑话说,某人习惯用"吃了吗"打招呼,以至于碰到刚从洗手间里出来的熟人也这样打招呼,结果会引起对方的困惑。还有,像"忙什么呢"这类问候性的打招呼方式也要少用,因为这种问话会有干涉别人隐私的嫌疑,也许会令人不愉快。

很多人都有这样的感受,就是在路上遇到不是很熟悉的异性觉得很尴尬，不打招呼显得不礼貌，打招呼又不太好意思。其实，不必对此过于紧张，正确的做法应该是以点头示意的方式打招呼，这样既不会显得过于热情，亦不是一副冷冰冰的面孔。但是如果男士偶然在路上遇见不太熟的女士，应主动先打招呼，但表情不可过分殷勤。

如果男女两人一同上街，遇到女士的好朋友，女士可以不把男伴介绍给对方，男士在她俩寒暄时，要自觉地隔开一定距离等候，待女伴说完话后继续走；女士对男伴的等候应表示感谢，且与人交谈的时间不可太长，不应该让男伴等太长时间。如果遇到男士的熟朋友，男士则应该主动把女伴介绍给对方，这时女士应很礼貌地向对方点头致意。如果是两对夫妇或两对情侣路遇，相互致意的顺序应是：女士们首先互相致意，然后男士们分别向对方的妻子或女友致意，最后才是男士们互相致意。

打招呼时有一个最基本的问题，就是不要为了表示亲切而牵涉到个人私生活，要是把个人隐私方面的话题拿出来"寒暄"，打这类招呼反而会引起对方的不快。

一般问候要热情简洁，不要太过于繁杂，其实一句普通的带着微笑的"您好"，就能够拉近两人的距离了，再添加别的内容反倒成了累赘，会给对方以拖沓、不利索的感觉，对方甚至不希望下次见到你。

学点敬语与谦辞

莎士比亚说:"要是你想要到达自己的目的地,你必须用温和一点的态度向人家问路。"

中国自古有"礼仪之邦"的美称,加上一些传统的敬语与谦辞,使这种文化因此而更兴盛。在适宜的场合,年轻人若能适当地用一些传统的敬语与谦辞,既能够显示出一个人的修养,又能让对方产生好感。如:

初次见面说"久仰",久别重逢说"久违";

请人批评说"指教",求人原谅说"包涵";

求人帮忙说"劳驾",求人方便说"借光";

麻烦别人说"打扰",向人祝贺说"恭喜";

请人看稿称"阅示",请人改稿说"斧正";

求人解答用"请问",请人指点用"赐教";

托人办事用"拜托",赞人见解用"高见";

看望别人用"拜访",宾客来至用"光临";

送客出门说"慢走",与客道别说"再来";
陪伴朋友用"奉陪",中途先走用"失陪";
等候客人用"恭候",请人勿送叫"留步";
欢迎购买叫"光顾",物归原主叫"奉还";
对方来信叫"惠书",老人年龄叫"高寿";
自称礼轻称"菲仪",不受馈赠说"反璧"。

上面这些客套话,都属敬语和谦辞,如能恰当运用它们,会让人觉得你彬彬有礼,貌若君子,很有教养。它可以使互不相识的人乐于相交,熟人更加增进友谊;请求别人时,可以使人乐于提供帮助和方便;发生矛盾时,可以相互谅解,避免冲突;洽谈业务时,使人乐于合作;在批评别人时,可以使对方诚恳接受。

在称呼方面也要注意一些问题,不可犯某主持人称别人父亲为"家父"的智障者错误。

称呼长辈或上级可以用老同志、老首长、老领导、老先生、大叔、大娘、叔叔、伯伯等;
称呼平辈可以用兄、姐、先生、女士、小姐等;
询问对方姓名可用贵姓、尊姓大名、芳名(对女性)等;
询问对方年龄可用高寿(对老人)、贵庚、芳龄(对女性)等。

敬语中,"请"字功能很强,是语言礼仪中最常用的敬语，如"请""请坐""请进""请喝茶""请就位""请慢用"等。"请"字带来了人际关系的顺利进展，使交往顺利进行。

谦辞就是自谦的话，使用正确的谦辞，能使对方与自己的距离缩短，为彼此的谈话奠定良好的基础和融洽的气氛。在社会上与人相处时，如果不会正确使用恰当的谦辞，就会对自己造成不利的影响，引起别人的困惑、猜忌或反感，甚至使别人误会了自己的好意，从而给人留下不佳的印象，因此要格外谨慎地使用谦辞。

谦辞较敬语数量要少一些。如谦称自己用在下、鄙人、晚生等。

谦称家人可以用家父、家母、家兄、舍妹、小儿、小侄、小婿等。

当言行失误之时，说"很抱歉""对不起""失礼了""不好意思"等。

请求别人谅解之时，可说"请包涵""请原谅""请别介意"。

有些敬语或谦辞是把日常使用语进行文雅化的修饰，而使之成为日常通用的谦让语。比如，把"我家"说成"寒舍"，把"我到您那儿去"说成"我去拜访您"，把"请您看看"说成"请您过目"，把"我认为"说成"以我的肤浅之见",把"您收下"说成"请笑纳"等,都是这样的。

家中有客人来访时,端出茶点向客人说:"你吃不吃?"这是很无礼的,应该泡茶一杯,说:"请您尝尝看。"或说:"请您慢用。"这才较为合适。

值得注意的是,敬语和谦辞不可滥用。如果大家在一起相处很久了,特别是非正式场合中,有时就可不必多用谦辞。熟人之间用多用滥了谦让语,反而会给人一种迂腐或虚伪之感。

当然在平时,即使你是率直、不拘小节的人,对别人说话时也应尽量注意礼貌及谦和的态度,如此习惯性地以诚恳的口吻说"请""谢谢""对不起""您好""麻烦您""抱歉""请原谅"等谦让语,必定会让他人对你心生好感。

勤感谢，多道歉

"早安""不客气""抱歉""欢迎"这些看似平常的话，在人际互动中却占有相当重要的地位。还有见面时的礼节、握手寒暄的方式、递名片及奉茶的方式等，这些都是不可忽视的。

有两句话更为重要，在不同时间、地点，对不同的对象，都随时随地可使用，时常挂在嘴边还能增进人际关系的，那就是"谢谢"和"对不起"。

如何道谢？有两个重点。

第一，就算是小事一桩，也必须表示感谢。如果对方给你带来一笔大生意或一次很大的援助，这种时候的"谢谢"，对方不会有太强烈的印象。但是，如果是请对方喝杯茶这种小事，却得到对方一句真诚的"谢谢"，那感受一定会很不一样。这种对小事表达的感谢之意，并非对方事先所期待，反而更能令人留下深刻的印象。

还有一点就是，虽然未曾从别人那里获得任何好处，也要说声"谢谢"。当对方仔细聆听自己说的话时，请发自内心地说声"谢谢"。即使是顾客的抱怨电话，在挂断时也要感谢地说："非常谢谢您宝贵的意见。"

不管是谁，其实都希望被人感谢，而且也会对感谢自己的人抱持好感。一般而言，被人认真且正式地表达谢意时，心中往往会自然而然地兴起一股欣悦之感。不管是个性多么恶劣的上司，或是态度非常差劲的顾客，一经别人道谢，心情就算再不愉快，也会按捺下怒气来。

所以，请从现在开始，习惯以"谢谢"作为结语。一句发自内心的"谢谢"，是待人处世中不需劳心劳力的最好服务。

能力强、地位高的人，更应该常常说"谢谢"。因为通常这些人很容易成为被嫉妒、被陷害的对象，当具有某些能力、地位时，更需要将"谢谢"挂在嘴边，这样一来，朋友更会聚拢过来，人际关系也将更良好。

我们在与人交往时，难免说错话、做错事，人非圣贤，孰能无过？如果我们能及时说声"对不起"，真诚地向对方道歉，往往能把大事化小，小事化了。

日常生活中，需要道歉的事情很多，大到不小心损坏了别人的重要物品，或者出言不逊伤了别人的自尊心；小到打断了别人的谈话,干扰了别人的工作,约会迟到了,公共汽车上踩了人家的脚,等等,这都是难免的。问题就在于有没有勇气,有没有诚心向对方道歉。真正的道歉不只是认错,而是承认自己的言行给对方带来了伤害或损失。

向别人道歉时,除了要有诚意外,还须讲究一定的技巧和方法,避免不必要的争吵和冲突。那么,怎样向人道歉才能达到预期的目的呢?

1. 立即道歉

时间拖得越久就越难以启齿,有时甚至追悔莫及,所以,在发现自己的过错时,立即向对方说声"对不起",这才是道歉的最佳时机。

2. 采用多种方式表达你的歉意

如果你的道歉一时还未能熄灭对方的怒火,那么不妨想点其他办法,让对方知道你有悔过的诚意。比如托人送件小礼物,间接帮助对方解决某些困难,或者发条微信、打个电话等。

3. 语气要诚恳,态度要自然

有些人知道自己的过错,也有心向别人道歉,但说话语气让别人听来显得不诚恳、态度傲慢。诸如冲着别人说："我都说了对不起还不行吗?"这样的道歉不仅不能让对方接受，相反还会引起对方的反感。因此说"对不起"时，要面带微笑，语气和缓，使人感觉到你是真心悔过。有时在"对不起""抱歉"前面再加上"很""非常""实在""太"等表示加强的词语，更能体现你的诚心。

4. 主动承担责任

在道歉时，要主动承担错误的责任，说明引起错误的原因，但绝不能找借口或者把责任推卸给对方，即使自己只有部分责任，也要主动承担。主动为自己的行为承担责任，会鼓励对方也承担属于他自己的那部分责任。

招人反感的六种话

酒逢知己千杯少,话不投机半句多。话说得有水准,自然招人喜欢。那惹人反感的谈话方式表现在哪呢?

第一,喋喋不休的话。在与人交谈中,总将自己放在主要位置,自始至终一人独唱主角,喋喋不休地推销自己,滔滔不绝地诉说自己的故事。有个名人说过,漫无边际、喋喋不休无疑是在打自己付费的长途电话。这样不但不能表现自己的交谈口才,反而令人生厌。"一言堂"不能交流思想,不能增进感情。交谈时应谈论共同的话题,长话短说,让每个人都充分发表意见,留心别人的反应,这样才能使气氛融洽,众情相悦。正如亚历山大·汤姆所说:"我们谈话就像一次宴请,不能吃得很饱才离席。"

第二,逢人诉苦,散播悲观情绪的话。在人的一生中,每个人都会遇到挫折和苦难,但每个人对待的方式不同,有的人迎难而上,有的人知难而退,有的人却将苦难带来的愁苦传染给别人，在众人面前条陈辛酸，以获同情。交流中一味地诉苦会让别人觉得你没魄力，没能力，会失去别人对你的尊重。

第三，无事不通，显得聪明过人的话。言谈中，谈话的内容往往涉及天文、地理、历史、哲学等古今中外、日月经天、江河行地般的话题。如果在交谈中表现"万事通""耍大能"，到时定会打自己的嘴巴，砸自己的脚。因为交谈是相互了解、相互交流的方式，而不是表现学识渊博、见识广博的舞台。何况老子曾说过："言者不知，知者不言。"交谈中什么都说的人未必什么都知道。

第四，空话套话，就是不讲实话。大多数的孩子都喜欢肥皂泡，被吹出来的肥皂泡在阳光下闪耀着色彩艳丽的光泽，实为美妙。随着五彩泡泡不断升高，然后一个接一个纷纷破碎，所以人们常把说空话喻为吹肥皂泡，真是恰当不过。

说话的目的是交流思想，传达感情。因此，交谈总得让对方知道你心中要表达的是什么。只要开口，不管是洋洋万言，还是三言两语，不管话题是海阔天空，还是一问一答，都应使人一听就懂。一些人惯用一些现成的套话来代替自己的语言。三句话不离套词，颠来倒去那么几句，既没有思想性，更没有艺术性，令人听后味如嚼蜡。

央视有个一度受观众喜欢的栏目，叫《实话实说》。其受观众喜欢就是因为说实话,不说空话套话。

第五,质问的话。谈话时习惯质问对方的人,多半胸襟狭窄,好吹毛求疵,与人为难,或性情孤僻,或自大好胜,所以即使在说话小节上,也把他的品格表现出来。其实,除了在不得已的场合如在法庭上辩论之外,质问的对话方式是大可不必采用的。如果你觉得意见不对,你不妨立刻把你的意见说出来,何必一定要先质问,使对方难堪呢?

例如,甲说:"昨天我想是今年以来最酷热的一天了。"乙说:"你怎么会这么说呢?"

对方虽然说错了,但你何必要先给一个令他难堪的质问呢?你既知道昨天热度不过34℃,而前天却达到35℃,那么你就说出来好了。先质问,后解释,犹如先向对方打了一拳,然后再向他解释一样。这一拳,足以破坏双方的情感。被质问的人往往会被弄得不知所措,自尊心受到很大的打击,如果他也是个脾气不好的人,必会恼羞成怒,而激起剧烈的争辩。

第六章
八面玲珑，不冷场的说话艺术

我们的社交活动已被太多的饭局、应酬填满了。可以说，没有应酬就不成为现代生活。然而，到底应酬是什么？是客套寒暄？是请客吃饭？或是上歌厅舞场？不错，这些是应酬，但不是应酬的全部。

待人接物八面玲珑

有人说:"应酬是社交中的法宝,更是待人接物的度量衡。"如果你深懂应酬之道,你的工作和事业必然因和谐的人际关系、良好的人缘而充满乐趣。

有些人认为应酬只是表面客套,完全是虚假的交际手腕,它只讲求技巧而已。也许你的圆滑真的能为你争取到不少"友谊",但别忘了,世界上不是只有你一个聪明人,所谓将心比心,你不以真心对待别人,又怎能换得别人的真情?

八面玲珑的应酬技巧不是愚弄,也不是欺骗,它应该是现代生活中一门最高尚的艺术。通过交流,把我们的诚意传导给别人,引起别人的感应,因而愿意主动帮助我们。

钢铁大王卡耐基曾在笔记上写着:"我希望35岁时就退休,再进学校专攻应酬技巧。"还有一位船业巨子曾说:"我情愿做一个应酬学者,而不愿做资本家。"

你不必抱怨："如果我有了钱，就……"或许你目前的生活和事业不太得意，但是，成为富有的人并不能带给你什么，真的能使你得到快乐的还是"八面玲珑"——诚恳、善意、体贴的应酬技巧。

穿针引线的介绍艺术

现代社会中，人与人之间接触的机会越来越多，如何运用介绍艺术来穿针引线，使你认识更多的朋友，从而拓展自己的人际关系，帮助自己的事业走向成功，这实在是一门艺术。

也许有些人会这样认为："介绍？那还不简单，只要彼此通报姓名就够了，没什么了不起！"事实上，介绍之道包罗许许多多必须注意的礼貌和技巧：如何善用说辞，把自己的特点推介出去，让别人对自己留下深刻的印象；如何面面俱到，恰如其分地给两个陌生的朋友牵一条友谊的线，使人人都如沐春风，这都是需要有相当功力的。

与人第一次相见时，措辞适当、态度有礼能使人对你产生好感，愿意继续与你交往，并且乐意和你做朋友；假如自我介绍时口齿不清或态度轻慢，那么，人人避之唯恐不及，还会和你深入交往吗？

总之，不论是自我介绍、被人介绍还是充当介绍人，你都应该表现得恰如其分，不必过度渲染，更不可含糊其词，最重要的是扮好自身的角色。熟习社交礼节、把握要点，贴切得当地介绍，才能使宾主尽欢，满堂和气，座间人人和悦愉快。

什么样的介绍才算是成功的介绍呢？介绍时又需注意哪些事项呢？

1. 让自我介绍成为吸引人的"广告"

在应酬中，自我介绍是必不可少的。从交际心理上看，人们初次见面，彼此都有了解对方并渴望得到对方尊重的心理。这时，如果你能及时、简明地进行自我介绍，不仅满足了对方的渴望，而且对方也会以礼相待，进行自我介绍。这样，双方以诚相待，就为进一步交往奠定了良好的基础。

在参加社交集会时，主人不可能把每一个人的情况都介绍得很详细。为了增进了解，你不妨抓住时机，多做几句自我介绍。时机有两种：一是主人介绍话音刚落时，你可接过话头再补充几句；二是如果有人表示出想进一步了解你的意向时，你可做详细的自我介绍。

自我介绍时应注意以下几点：

第一，要有自信心。在日常交往中，有些人怕见陌生人，见到陌生人,似乎思维也凝固了,手脚也僵硬了。本来伶牙俐齿的,变得说话结巴;本来笨嘴拙舌的,嘴巴更是如贴了封条。这种状况怎能介绍好自己呢?要克服这种胆怯心理,关键是要自信。有了自信心才能介绍好自己,给别人留下好的印象。

第二,要真诚自然。有人把自我介绍称为自我推销。既然推销产品时需要在货真价实的基础上做宣传,那么推销自我也不能不顾事实而自我炫耀。因此,做自我介绍时,最好不要用"很""最""极"等极端的词汇,给人留下"狂"的印象;相反,真诚自然的自我介绍,往往能使自己的特色更闪闪发光,引起人们的注意。

第三,要考虑对象。自我介绍的根本目的是要给对方留下一个印象,因此要站在对方理解的角度来说话。比如第一次参加某方面的研讨会,你站起来说:"我叫××,我来发个言。"此时在场的人一定会想:这是什么人?怎么从来没见过?他代表哪方面?他的意见值得听吗?所以,面对有这么多想法的听众,你只介绍"我叫××"是不行的,别人不会专心听你的发言。如果你理解听众的心理,就可这样介绍:"我叫××,是××大学的教师,我第一次参加这样的研讨会,望大家多多指教。现在我就这个问题谈谈自己的看法……"这样的介绍,才不会使听众心中产生疑团,才能使听众专心听你的发言。

所以，在介绍自己时，一定要重视与你打交道的人，要随机应变。如你面对的是年长、严肃的人，你最好认真规矩些；如与你打交道的人随和而具有幽默感，你不妨也比较放松地展示自己的特点，做出有特色的自我介绍来。

2. 如何在介绍他人中赢得尊重

在应酬中，经常需要介绍他人。一般来说，介绍他人时应先向双方打个招呼："请允许我介绍你们认识一下。""我介绍你们相互认识一下好吗？"这样可以使双方有思想准备，不会感到突然。

按一般的习惯，做介绍时，如果是不同性别的两个人，应该先把男士介绍给女士；如果男士年纪比女士大很多时，则应先把女士介绍给男士；如是不同辈分、职务的两个人，应先介绍晚辈给长辈，先介绍下级给上级；把一对夫妇介绍给他人，在一般情况下应先说丈夫，后说妻子；对两个群体相互介绍时，一般只介绍带队的、职务高的，随员笼统介绍即可。

有时，需要把某个人介绍给很多人，应该先向全体介绍这个人的姓名、职业，然后再依照坐着或站着的次序一一向这个人做介绍。如："各位，这是电视台的记者刘方。小刘，这是公司董事长××，这是总经理××，这是……"

向大家介绍新来的领导、来讲课的老师或做报告的专家、学者时，只要把这个人介绍给全体人员就可以了，不必再一一向他做介绍。被介绍者要站立，向众人表示谢意，众人一般应鼓掌致意。介绍的内容，一般只包括姓名、身份；如有必要，也可介绍籍贯、个人性格、爱好，等等。

在介绍他人时，应注意以下几点：

第一，介绍时要热情诚恳，面带微笑，神情要镇定自若，落落大方，充满自信。即使遇到意外情况也不要慌乱，营造一种融洽随和的气氛，给被介绍的双方留下难忘的印象。

第二，介绍时口齿要清楚，并做必要的解释和说明，以便使听的人能够很快记住双方的姓名。

第三，介绍方法要灵活，要随机应变。面对长者或领导，要使用尊称，如说"请允许我向您介绍"；在朋友之间，可用轻松活泼的方式，有时不妨幽默一点。

宴席上口才的运用

作为东道主,你应该让客人饮得既要尽兴又要适度,让酒宴上的气氛始终欢快融洽,这就要看你的口才在酒宴上的发挥。在宴席上侃侃而谈、驾驭酒宴的才能才是令大家佩服的真本事。

1. 适度为好

要破除"但使主人能醉客,不知何处是他乡"的旧观念,应当以真诚相待为前提。不知客人的酒量和身体状况,一味劝人多喝,就有失待客之道。

劝人喝酒应遵循喝足不要喝吐、喝好不要喝倒的原则,让客人乘兴而来,尽欢而去。

2. 席间三戒

在酒席上,宾主欢聚一堂之时,戒感情用事、胡乱吹捧、滥用颂辞；戒对别人抱有成见，平时无表达机会，酒席上借酒发挥，出口成"脏"，恶语中伤；戒在酒席上的朋友之间相互攀比，口出狂言，目空一切。

3. 注意酒德

别忘了饮酒也是文化，酒宴应当成为文明、礼貌的交际场所。大家叙叙旧，谈谈心，切磋技艺，交流思想，这才是酒宴的宗旨。

祝贺语怎么说

祝贺是一种常用交际用语,一般是指对社会生活中有喜庆意义的人或事表示良好的祝愿和热烈的庆贺。通过祝贺表达你对对方的理解、支持、关心、鼓励和祝愿,以抒发情怀、增进友谊。

从语言的表达形式看,祝贺词可以分为祝词和贺词两大类,祝词是指对尚未实现的活动、事件、功业表示良好的祝愿和祝福之意;贺词是指对于已完成的事件、业绩表示庆贺的祝颂。

一般说,祝贺总是针对喜庆意义的事的,因此,应讲一些吉利、欢快、使人快慰和感动兴奋的话。祝贺要注意以下几点:

1. 情景性

祝贺总是在特定的情景下进行的,因此一定要考虑到特定的环境、特定的对象、特定的目的，使之具有明显的针对性。

2. 情感性

祝贺语要达到抒发感情、增进友谊的目的，必须有较强的鼓动性与感染力，因此要求语言富有感情色彩，语气、语调、表情、姿态等都要有浓烈的感情色彩。大多数成功的祝贺词本身就是一篇短小精悍的抒情独白。

3. 简括性

祝贺词可以事先做些准备，但多数是针对现场实际有感而发，讲完即止，切忌旁征博引，东拉西扯。语言要明快热情、简洁有力，才能产生强烈的感染力。有些祝贺词要进行由此及彼的联想、由景生情的发挥，但必须紧扣中心、点到为止，给听众留下咀嚼回味的余地。

4. 礼节性

祝贺词在喜庆场合发表，要格外注意礼节。一般需站立发言，称呼要恰当。不要看稿子，双目要根据讲话内容时而向祝贺对象致礼，时而含笑环视其他听众，要与听者做感情的交流。还可以用鼓掌、致敬等动作加强与听众心灵的沟通，以增强表达效果。

其实，喜庆活动本身就很讲究礼仪，祝贺是其中一个环节，要适时地穿插进去。例如祝酒，在饮第一杯酒之前，主人要致祝酒词。祝酒词内容要围绕此次邀请的主旨，一般包括感谢来宾光临酒宴、阐明宴请的目的、对未来的美好祝愿等。话语要简短，最好要有点幽默感，要使人欢愉、快慰、感奋。为此，辞藻可稍加修饰，但不要矫揉造作。致祝酒词时要起立，致辞后与客人们轻松碰杯，然后干杯。

再如贺婚。贺婚词的内容一般包括三个方面：对新郎新娘的幸福结合表示祝贺，对新郎新娘的爱情加以赞颂或介绍有关趣事，对他们的美好未来真诚祝愿。语言宜简洁优美而富有激情。来宾祝贺后，可由新婚夫妇做答谢讲话。

避免无趣的谈话

我们常会看到这样的情况,两个谈话者中一个谈兴盎然,另一个却哈欠连天,这种趣味索然的谈话是应该避免的,具体的方法如下。

1. 讲个好故事

故事能使观点更清晰,使复杂的问题简单化,使模糊的问题清晰明朗化,还可以维持听众的兴趣,给他们以精神的愉悦,或者起到松弛气氛的作用。你的故事也可以激起同情、使人震惊、激起自豪感。

即使故事本身比较一般,但只要讲法得当,照样会吸引听众。

善讲故事者知道怎样运用细节,懂得控制语言的节奏,知道该在什么地方停顿——讲故事需要戏剧化的手法。

2. 随时测试谈话对方是否对你的话题感兴趣

讲话时要随时注意对方的反应，如果对方一直能接上你的话头，就说明对方感兴趣；否则你就该随时提出出人意料的问题，看看对方是否答得出来，如果答不出来，这就代表对方已经对话题感到厌烦，这时你最好换个话题。

3. 如果双方都感到厌烦，你应该给他离开的机会

有些时候，谈话双方都会觉得像是被冲到沙滩上的活鱼，除了热和渴之外还觉得头昏眼花，然而谁都不好意思说要回到大海畅游一番。这时候你应当试着打破僵局，礼让对方先走一步。例如，你可以说："我不占用你太多时间，还有很多朋友等着和你叙旧吧？"

4. 当别人发现你没在听他谈话时

这时对方会有被冒犯的感觉，而你应该立即给人家一个"台阶"，比如："后来怎样？""你的意思是说……？""你能否再换个方式讲一讲？"如果这还不能奏效，那就再换个方式，比如，"对不起，我忘记听了，我正在思考你一分钟前说的事情。""你刚才说的事让我想起了……"

5. 怎样阻止喋喋不休的谈话

如果你实在受不了对方的语言轰炸,可以用非常简短的问题阻止对方,这些问题通常只需要三两个词语回答。这样你就巧妙地给了对方一个信号,而且你也不会显得无礼——因为你是在问对方问题。

6. 用软性词语转移话题

当别人发表反对你的意见或讨论你不感兴趣的话题时,为了避免争吵,你可以转移话题,比如"确实有些人是这么看的,如果你不介意,我想问一问别的方面的问题"。

如何制造欢乐气氛

在应酬中，人们希望出现令人愉悦的场面，能够制造欢乐气氛的人往往更受欢迎。以下方法可帮助你成为社交场上的活跃人物。

1. 倾心的赞美

老朋友、新同事见面不免介绍寒暄一番，这是一个极好的活跃气氛的机会。借此发表一番"外交辞令"，把每个人的才能、成就、天赋、地位、特长等做一种夸张式的炫耀与渲染，这可使朋友们感到自己深深地为你所了解、所倾慕。尤其是利用这种方式把朋友推荐给第三者，谁也不会去计较真实性，但你却张扬了朋友最喜欢被张扬的内容。这种把人抬得极高但没有虚伪、奉承之感的介绍，会立即使气氛变得异常活跃。

2. 引发共鸣感

朋友、同事相聚，最忌一个人唱独角戏，大家当听众。成功的社交应是众人畅所欲言，各自都表现出最佳的才能，做出最精彩的表演。为达到这一目的，就必须寻找能引起大家最广泛共鸣的内容。有共同的感受，彼此间才可以各抒己见；仁者见仁，智者见智，气氛才会热烈。所以，你若是社交活动的主持人，一定要把活动的内容与参加者的好恶、最关心的话题、最擅长的拿手好戏等因素联系起来，以免出现冷场。

3. 有魅力的恶作剧

善意地、有分寸地取笑朋友并不是坏事，双方自由自在地嬉戏，超脱习惯、道德，远离规则的界限，享受不受束缚的自由和轻松，是极为惬意的乐事。恶作剧具有出人意料的效果，它起于幽默，使人欢笑。人们在捧腹大笑之际，会深深地感谢那个聪明的快乐制造者。

4. 故意暴露一下"缺点"

你可以偶尔故作滑稽，搞出一副大大咧咧、衣冠不整的样子；或莽撞调皮、佯装醉汉，摆出一副满不在乎的神情，等等。这些"缺点"平素在你身上不常见，人们突然观察到这种变化，会有一种特殊的新鲜感，你收得拢、放得开的举止会令人捧腹大笑，使大家对你刮目相看。

5. 提出荒谬的问题并巧妙应答

生活中，总是一本正经的人会给人古板、单调、乏味的感觉。交谈中，不时穿插一些朋友们意想不到的、貌似荒谬而实则极有意义的问题，是一种很好的活跃气氛的方法。

也许会有人时常问你一些荒谬的问题，如果你直斥对方荒谬或不屑一顾，不仅会破坏交谈气氛，而且会被人认为缺乏幽默感。

学会提出引人发笑的荒谬问题并能巧妙应答，有助于良好社交气氛的形成。

6. 带些"小道具"

朋友相聚，也许在初见面时因打不开局面而陷于窘境，也许在中间出现冷场。这时，你随身携带的"小道具"便可发挥作用。一个精致的钥匙链可能引出一大堆话题，一把扇子既可用来扇风又可题诗作画，也可唤起观赏的兴趣。"小道具"的妙用不可小瞧。

7. 制造一些无伤大雅的小漏洞

漏洞是悬念，是"包袱"。制造漏洞会使人格外关注你的所作所为,待你抖开"包袱"之后,人们见是一场虚惊,都会付之一笑。

8. 适当贬抑自己

自我贬低、自我解嘲,这种战术是最高明的。往往是老练而自信的人才会采取这种方式。贬抑会收到欲扬先抑、欲擒先纵的效果,众人将在哄笑声中重新把你抬得很高。自我贬抑既可活跃气氛,又能博得他人的好感。